# 격동하는 동북아, 한국의 책략

# 격동하는 동북아, 한국의 책략

이춘근 지음

백년동안

차 례

# 1부

# 국제정치를 보는 바른 시각

## 1장

# 세계 최악의 안보환경에 처한 대한민국

대한민국 국민은 세계 어떤 나라 사람들보다 국제정치의 냉혹함에 시달려온 사람들이다. 대한민국과 비슷한 처지에 있는 나라로서 역사적으로는 폴란드, 그리고 현대에 와서는 이스라엘을 이야기하지만 한국의 역사는 두 나라보다 훨씬 더 폭력적이고 피곤한 역사였다. 우리나라를 향한 침략 전쟁의 횟수는 대소 281회에 이른다.[1] 평화를 사랑한다는 민족이 전 세계 어떤 민족보다 더 많고 처절한 전화(戰禍)를 겪으며 살아온 것이다.

러시아와 독일이라는 강대국 틈바구니에 끼어 있는 불행한 지정학 때문에 이들 강대국이 전쟁을 치를 때마다 전쟁터가 되곤 했던 폴란드의 역사가 슬픈 역사인 것은 분명하다. 그러나 우리나라 역시 강대국의 의해 정복당하고 분할당했으며 강대국들이 싸울 때마다 전쟁터가 되어 수많은 인명 피해를 입었다는 사실에서 폴란드보다 한국의 역사는 더욱 처절하다.

현대에 이르러 한국과 비견될 정도로 안보 상황이 불량한 나라는 이스라엘이다. 이스라엘은 1947년 건국 이후 오늘에 이르기까지 자신을 지중해 바닷속으로 쓸어 넣고 싶어하는 적대국들에 둘러싸여 험난한 삶을 살아오는 나라다. 자신의 존재를 부인하는 이웃과 더불어 살고 있다는 점에서 한국 역시 이스라엘과 마찬가지다.

1948년 건국한 직후 우리는 대한민국을 제거해 버리려는 국제공산주의 세력의 무력 공격 때문에 인구의 10분의 1이 죽고 다치는 처참한 6.25전쟁의 참화를 겪은 바 있었다. 1953년 휴전 이후 지금까지 60년의 세월이 지나는 동안 우리는 6.25전쟁 당시와 똑같은 목표, 즉 대한민국을 제거하고 자신이 원하는 방식으로 통일을 하겠다는 북한과 함께 지내고 있다.

너무나 오랜 시간 동안 최악의 국가안보 상황에서 살아오다 보니 한국인의 안보 감각은 무뎌질 대로 무뎌지고 말았다. 한국인은 자신이 처한 상황이 얼마나 험악한 상황인지를 잘 모르게 되었을 정도다. 우리나라는 이스라엘보다 훨씬 더 열악한 안보 환경에서 살고 있다고 말할 수 있는데 그렇게 말하는 가장 중요한 이유는 이스라엘과 달리 우리는 주변국들보다 훨씬 약하다는 사실이다. 이스라엘의 주변국들은 모두 이스라엘을 미워하기는 하지만 단결력을 과시하지도 못하고 개별적으로 이스라엘보다 막강한 나라도 없다. 이스라엘은 스스로 상황을 개척해 나갈 수 있다.

그런데 우리나라 주변국들은 어떠한가? 작금 세계 2위의 국력을 갖추게 되어 점차 공격적인 외교 행태를 보이는 중국, 비록 한숨 고르고 있는 중이지만 미국의 핵전력과 맞먹는 핵폭탄을 보유한 군사대국 러시아 등 두 나라는 우리나라와 국경을 접하고 있는 나라들이다. 한반도와 불과 수십 킬로미터의 좁은 바다를 사이에 두고 있는 일본 역시 중국, 러시아에 전혀 뒤지지 않는 세계적 강대국이다. 그리고 우리나라와 멀리 있지만 사실상 동북아시아 국가라고 말해도 되는 미국은 명실공히 세계 제1의 강대국이다. 즉 우리나라 주변 4개국은 각각 종합 국력상 세계 1, 2, 3, 4위의 강대국이라고 말할 수 있으니 우리나라처럼 어려운 국제환경 속에 처한 나라는 없다고 말해도 과언이 아니다.

이처럼 대한민국 국민들은 지구 어느 나라 국민들보다 국제정세로부터 심각한 영향을 받는 상황에 처해 있다. 그래서 우리는 국제정치의 변화를 늘 주시해야 하고, 우리에게 유리한 국제정치 환경을 만들기 위해, 아니 적어도 우리에게 심각한 피해가 오는 것을 피하기 위해 국제정치를 잘 이해해야 할 뿐만 아니라 그것에 대한 전략을 가지고 있어야만 한다.

국가를 배에 비유한다면 우리나라는 지구 어떤 나라보다 파도가 심한 바다를 항해하고 있는 작은 배라고 말할 수 있다. 아직도 대한민국호는 험악한 바다를 스스로의 힘만으로 헤쳐 나갈 만큼 충분히 크고 튼튼하지 못하다.

우리나라가 처한 지정학적 환경은 파도가 특별히 높은 곳이다. 그리고 21세기 초반인 지금 우리나라가 헤쳐가야 할 바다의 파도가 점차 거칠어지고 있다. 이런 상황에 대처하는 방법은 우리나라를 보다 더 크고 튼튼한 배로 만드는 일, 즉 국력을 증강시키는 일이며 또 다른 방법은 험한 바다를 헤쳐갈 수 있는 항해 실력을 갖추는 일이다. 항해실력이란 국제정치에 대한 올바른 인식과 올바른 대처 방안, 즉 좋은 '전략'을 개발하는 일이다.

그러기 위해서 우리는 먼저 국제정치를 어떻게 보고 이해할 것인가에 대한 기초 지식을 가지고 있어야 한다. 특히 국제정치를 냉혹하게 보고 이해할 수 있는 안목을 길러야 한다.

2장

# 국제정치와 전략에 대한 올바른 시각

## 국가안보는 역설의 논리

국가라는 조직은 개인과 마찬가지로 번영·융성할 수도 있고 타락·피폐·멸망할 수도 있다. 모든 인간이 지금보다 더 건강하게 살고 더욱 부유하게 살기를 바라는 것처럼 모든 국가들의 꿈과 희망은 지금보다 더 부유하게 그리고 더 안전하게 사는 것이다. 그런데 국가는 인간은 물론 인간들이 만든 다른 모든 조직과 다른 점이 있다. 인간들이 모여 사는 사회와 달리 국가들이 모여 사는 국제사회에는 국가보다 상위에 있는 권위가 없으며 법과 질서도 존재하지 않는다.

국제연합, 국제법 등이 있기는 하지만 이들 조직과 법은 국가를 강제할 만한 능력을 가지고 있지 못하다. 국가들은 주권(主權, sovereignty)을 가진 조직이며 주권이란 문자 그대로 대외적으로 독립적이며 대내적으로 최고의 권력을 의미한다.

이처럼 주권을 가진 국가들이 모여 사는 국제사회에서 국가들이 궁극적으로 의존할 수 있는 것은 자신의 능력, 즉 자신의 힘이다. 국가들이 믿을 것은 자국의 힘뿐이라는 의미에서 국제정치는 힘의 정치(Power Politics)라고 말한다. 힘이 모자란 나라는 이웃 나라의 침략 대상이 되고 식민지가 되든가 혹은 이웃 나라의 요구에 굴복하고 굴종적인 삶을 살게 된다.

법이나 도덕보다 힘이 기준이 되는 사회에서 살아가는 국가들에게 국가안보는 가장 중요한 과제가 아닐 수 없다. 힘을 갖추지 못한 국가들의 운명은 처절하다. 우리나라는 과거 힘이 없던 시절 중국의 속국으로 살았고 일본의 식민지가 되었던 적도 있었다.

한국전쟁 당시처럼 우리가 허점을 보이는 순간 북한은 또다시 침략 전쟁을 감행할 것이다. 이 같은 상황에 처해 있는 우리는 국가안보를 가장 중요한 국가의 임무라고 생각하지 않을 수 없다. 국가에 있어서 국가안보란 개인의 건강과 마찬가지다. 건강하게 오래 사는 것이 모든 인간의 희망이듯 국가의 희망도 오랫동안 건강하게 살아가는 것이다.

국가안보가 사활적으로 중요하기 때문에 모든 국가들은 국가안보를 증진시키는 방안을 강구한다. 그런데 국가안보는 특이한 영역이다. 국가의 '삶과 죽음을 다루는 영역'이기 때문에 일반 상식적인 차원에서 국가안보를 생각할 수 없다. 미국의 유명한 전략이론가인 에드워드 러트왁(Edward N. Luttwak) 박사는 국가안보의 영역은 '역설의 논리(Logic of Paradox)'가 지배하는 영역이라고 말한다.[2] 즉 국가안보의 논리는 경영 및 사회복지의 논리와 다르다는 것이다. 특히 대한민국과 같이 국가안보가 어려운 상황에 있는 나라의 경우 확실한 국가안보는 국민의 복지보다 오히려 더욱 중요하다.

## 국방비 지출의 논리

2014년도 대한민국의 국방예산은 34조 8,000억 원이다. 반면 같은 해 복지예산은 105조 8,726억 원 정도다. 국방예산이 상대적으로 너무 적은 것 아닌가 하는 의문이 든다. 미국의 경우 복지예산과 국방예산은 비슷하다. 2013년 8월 한국정부는 예산 부족을 이유로 차세대 전투기 선정 과정에서 스텔스 기능을 갖춘 최신예기인 F-35를 제외했다가 전문가들의 격렬한 반대에 봉착했고, 계획을 다시 조정하는 우여곡절을 겪은 바 있었다.

국가는 국가안보를 위해 무기를 장비하고 군대를 보유한다. 현대 무기는 그 값이 엄청나게 비싼 것으로 유명하다. 대한민국이 생산·보유하고 있는 신형 전차 K-2의 경우 1대당 가격이 80억 원에 이른다. 2013년 현재 우리나라가 3척 보유하고 있는 이지스 군함은 1척당 가격이 무려 1조 원에 이를 정도로 어마어마하게 비싸다. 대한민국 공군이 보유하고 있는 F-15 K형 전투기는 1대당 가격이 1,000억 원에 이른다. 이처럼 엄청나게 비싼 무기를 사오고 유지하기 위해 우리나라는 금년에도 300억 달러가 넘는 돈을 국방비로 지출하고 있다. 그런데 이토록 비싼 무기들을 구입하고 70만 대군을 유지하고 있는 이유는 무엇일까?

전쟁을 '하지 않기' 위해서다. 즉 이처럼 비싼 무기를 사서 장비하고 있는 것은 "이 같은 무기들을 쓸 일이 없게 하기 위해서"라는 역설적인 이유 때문이다. 이토록 비싼 무기들을 장비하고 젊은이들을 교육시켜 훌륭한 군인으로 만드는 이유는 바로 그 같은 무기와 군인을 쓸 일이 없는 상황을 유지하기 위해서, 즉 평화를 위해서인 것이다. 무기를 사오는 목적이 전쟁을 하기 위해서가 아니라 전쟁을 하지 않기 위해서, 즉 평화를 유지하기 위해서라는 역설을 이해하는 것이 중요하다.

군인은 전쟁을 하기 위해서 존재하는 사람들이 아니다. 군인은 평화를 지키기 위해서 존재하는 사람이며 무기는 전쟁을 하기 위해서가 아니라 전쟁을 하지 않기 위해, 다시 말해 평화를 유지하기 위해 갖추는 것이다. 전쟁이 발발할 경우 대부분의 국민, 그리고 정치인은 전쟁터가 아니라 안전한 곳으로 달려간다. 그러나 군인은 전쟁이 일어날 경우 목숨을 걸고 전쟁터로 달려 나가야 한다. 안전한 곳으로 도피할 국민은 목숨을 걸고 전쟁터로 달려 나갈 군인에게 '최고의 무기'를 제공해 주어야 할 의무가 있다. 돈이 부족해서 총을 사줄 돈이 없으니 대신 몽둥이로 싸워달라고 부탁할 수는 없는 일이다. 군인에게 총 대신 몽둥이를 사주고 돈을 아끼는 것, 그런 것은 국방의 논리가 아니다. 돈이 없더라도 가장 좋은 무기를 제공함으로써 전쟁을 사전에 막도록 노력하는 것이 국방의 논리, 국방비 지출의 논리이며 이것이 바로 역설의 논리인 것이다.

## '아무리 나쁜 평화라도 전쟁보다 낫다.'는 위험한 사고

우리는 누구라도 평화가 중요하다는 사실을 잘 알고 있다. 그런데 모든 평화가 다 같은 평화라고 착각하면 안 된다. 만약 북한이 공격을 해 올 때 우리가 맞서서 싸우지 않고 항복을 한다면 남한과 북한은 전쟁을 벌이지 않을 것이며, 대한민국은 평화적으로 북한에 의해 적화 통일될 것이다. 싸우지 않은 채로 대한민국이 북한에게 굴복하고, 공산국가가 되는 것을 평화라고 말할 수는 없다.

'아무리 나쁜 평화라도 전쟁보다는 낫다.'고 말하는 사람들이 많이 있다. 우리는 북한에게 굴종하는 평화, 즉 평화적으로 적화 통일되는 상황을 거부한다. 그렇게 굴종적으로 살게 될 바에야 우리는 자유를 지키기 위해서 목숨 걸고 싸울 것이다. 아무리 나쁜 평화라도 전쟁보다 낫다는 사람들에게 물어보자. 일본에게 나라를 넘긴 이완용은 평화주의자였었냐고. 앞으로 그런 일이 또 닥치게 된다면 전쟁보다는 평화적으로 항복하는 길을 택할 것이냐고. 상대방에게 굴종함으로써 유지되는 평화를 결코 평화라고 말할 수는 없다. 불행한 일은 한국 사회에는 아직도 상당수 국민이 아무리 나쁜 평화라도 전쟁보다 낫다고 착각하고 있다는 사실이다. 굴종과 노예상태를 평화라고 착각하면 안 된다.

이처럼 도무지 말도 안 되는 말이, 말이 되는 것처럼 느껴지는 이유가 있다. 전쟁과 평화를 같은 차원에 놓고 말하고 있기 때문이다. 평화는 '목적'이고 전쟁은 '수단'이다. 수단과 목적을 같은 차원에 놓고 전쟁이냐 평화냐를 선택하라고 하면 안 된다. 평화란 때로 전쟁이라는 수단을 각오함으로써 지켜질 수 있기 때문이다. 세계 모든 나라는 전쟁이라는 수단을 잘 활용함으로써 평화를 지키고자 한다. 그래서 전쟁할 준비를 완벽히 갖춘 나라는 오히려 전쟁을 회피하고 평화를 유지할 수 있는 것이다. 처칠 수상은 영국 국민에게 전쟁과 평화 중 택일하라고 요구하지 않았다. 그는 국민에게 '피와 땀과 눈물'을 요구했다. 평화를 위해서 그렇게 했던 것이다.

## 국가는 전쟁하는 조직

한자 중 국가를 상징하는 '나라 국(國)'이라는 글자가 있다. 이 글자가 나타난 것은 아마도 수천 년 전의 일일 것이지만 이 글자 속에 현대적인 국가의 의미가 모두 포함되어 있다는 사실이 놀랍다. 작은 가로 -는 땅을 의미한다고 하며 그 위에 있는 입을 나타내는 작은 네모 입 구 (口)자는 사람을 의미한다. 戈라는 글자는 창을 의미하는 것으로 '과' 라고 읽는다. 그리고 큰 네모로 둘러싸여 있는 모습의 글자가 국이라는 한자다. 이 글자는 땅(-)위에 사람(口)이 창(戈)을 들고 서서 지키는 큰 영역(口)이란 뜻이다.

국가란 사람이 창을 들고 서서 지키는 큰 땅이다. 이 오래된 글자에 국가의 3요소인 국민, 주권, 영토가 모두 들어가 있다는 사실이 놀랍다.

국가 역시 인간이 만든 여러 가지 조직 중 하나이지만, 국가는 '전쟁'을 할 수 있다는 점에서 다른 모든 조직과 다르다. 아무리 돈을 잘 버는 회사라 할지라도 그 회사를 지키기 위해 군대가 필요하지는 않다. 대한민국 최고의 회사 삼성전자나 현대자동차는 자신을 보호하기 위해 군사력을 필요로 하지 않는다. 그러나 참으로 별 볼 일 없는 아프리카의 작고 가난한 나라에서 오히려 자신을 지키기 위해 탱크와 비행기로 무장하고 있다. 국가라는 조직은 회사와 다르기 때문에 그렇다.

자신을 지킬 능력이 없는 나라, 즉 군사력이 없는 나라 혹은 군사력을 결코 무슨 일이 있어도 사용하지 않겠다고 생각하는 나라는 이미 정상적인 나라는 아닐 것이다. 대통령이 사장님과 다른 이유가 바로 여기 있다. 대통령은 군사력이라는 수단을 잘 활용하여 나라를 지킬 것을 국민으로부터 위임받은 최고사령관인 것이다.

군인 혹은 싸움을 나타내는 글자인 무(武)라는 글자 역시 놀라운 의미를 가지고 있다. 중지한다는 뜻의 지(止) 자와 창이라는 의미의 과(戈) 자가 합쳐져서 이루어진 글자다. 즉 군인 혹은 무인이란 창 쓸

일을 중지시키는 사람이다. 역설의 논리가 아닐 수 없다. 군인이란 창 쓸 일을 없게 하기 위해서 존재하는 사람이다. 충분한 군인과 무기(국방과 안보능력)를 갖춘 나라야말로 바로 무기와 군인을 쓰지 않을 수 있는 나라가 되는 것이다.

평화는 저절로 오는 것이 아니다. 전쟁을 준비하고 전쟁을 결단할 수 있는 나라만이 평화를 향유할 수 있다. 그런데 대한민국은 전쟁을 결단할 수 있는 각오가 되어 있는 나라인가? 전쟁을 결단할 수 없는 나라는 엄밀한 의미에서 국가라고 말할 수 없다. 물론 전쟁을 결단한다는 것이 호전광(好戰狂)이 되라는 말은 아니다. 국가안보와 명예를 지키기 위해서 우리는 전쟁을 결단할 수 있는 각오를 하고 있어야 한다는 말이다.

미국의 저명한 사회학자 찰스 틸리(Charles Tilly)는 국가와 전쟁에 관해 깊이 연구했다. 그는 전쟁을 통해서 국가가 건설되고, 국가는 또한 전쟁을 잘하기 위한 조직으로 발전하는 것이라는 사실을 밝혀냈다. 그의 명제는 다음과 같다. "국가는 전쟁을 만들었고 전쟁은 국가를 만들었다(States Made War and War Made the State)."[3] 국가와 전쟁의 관계를 이처럼 명쾌하게 정리한 문장은 없을 것이다. 이처럼 국가와 전쟁은 동전의 앞뒤와 같은 관계에 있지만 한동안 대한민국은 무력행사에 관해 정상적인 나라처럼 행동하지 못했다. 이스라엘 사람들은 북한의 공격을 받고도 제대로 반격하지 못하는 대한민국을 정말 이상한 나라로 생각했다고 한다.

## 무력 사용을 극도로 두려워하는 대한민국

미국 사람에게 '국가의 이익과 정의를 위해 전쟁을 할 수 있느냐?'는 질문을 하면 무려 80%의 사람이 그럴 수 있다고 긍정적으로 대답한다고 한다. 같은 질문에 대해 유럽 사람은 약 20% 정도가 그렇다고 대답한다고 한다.[4] 필자도 필자의 강의를 들은 학생을 포함 여러 계층의 사람에게 같은 질문을 해 보았다. 과학적인 여론 조사는 아니었지만 결과는 0%였다. 아무리 우리나라의 국가이익이 심각하게 걸려 있다 해도, 선제공격은 결코 안 된다는 것이 한국인의 무력 사용에 대한 표준적인 견해였다. 우리 국민이 왜 이렇게 생각하게 되었는지는 더욱 체계적으로 연구해 보아야 할 일이겠지만, 우리는 '다른 나라를 한 번도 공격한 적이 없다.'는 사실을 자랑으로 삼고 또한 그렇게 배웠다. 우리는 어떤 일이 있어도 선제공격은 안 한다는 전쟁관을 가지고 있음이 틀림없다.

그러나 우리 민족의 선조들인 고구려, 신라, 백제는 모두 자국의 이익을 위해 선제공격을 감행했던 나라이며 특히 고구려는 '전쟁의 나라'[5]라고 말할 수 있을 정도로 상무정신이 강했던 나라다. 고구려가 침략전쟁을 감행하지 않았더라면 그렇게 넓은 영토를 차지할 수 있었을까? 우리 국민 대부분이 고구려를 자랑스러운 선조국가로 생각하고 있다는 사실과 동시에 무력사용을 극도로 반대하고 있다는 이율배반은 이해하기 어렵다.

2010년 대한민국은 3월 26일과 11월 23일 두 차례에 걸쳐 북한의 무력 공격을 받았다. 그런데 두 차례 모두 우리나라는 변변한 대응을 하지 못했다. 천안함 사태가 발발한 후 미국의 유명한 국제정치 학자인 부르스 부에노드 메스키타(Bruce Bueno de Mesquita) 교수는 "천안함 사태에 대해 북한 지도자들은 한국 해군에 공격을 가하더라도 전쟁으로 이어질 확률이 낮다는 것을 알고 있었다."고 분석했다. 북한은 한국을 무력도발에 대해 강력하게 응징할 만큼 용기 있는 나라로 보지 않았다는 말이다.

북한 잠수함이 그날 발견했던 군함이 대한민국 천안함이 아니라 미국의 군함이었다 해도 북한이 어뢰를 발사해서 격침시켰을까? 나는 아니라고 생각한다. 북한 잠수함이 미국 군함을 격침시킬 수 없어서가 아니라 미국 군함이 격침당한 후 예상되는 미국의 보복을 감당할 수 없다고 생각했을 것이기 때문이다.

미국의 군함이 적대국의 영해 부근을 유유히 항해할 수 있는 이유는 미국의 군함이 적의 잠수함을 제압할 수 있는 능력을 갖추고 있기 때문만이 아니다.[6] 미국은 "우리 군함이 격침당하는 날 어떤 보복을 당하게 될지 사전에 잘 생각해 보라."며 현실적인 위협을 가하고 있기 때문에 자살적 전쟁을 각오하지 않는 한 적의 잠수함은 미국 군함을 감히 공격할 수 없는 것이다.

그동안 대한민국 국민은 북한에 대해 겁먹고 있었으며 전쟁을 극도로 두려워한 나머지 혹은 비겁한 정치가들의 이념적 호도 때문인지 '아무리 나쁜 평화라도 전쟁보다는 낫다.'는 대단히 잘못된 생각에 빠져들어 있었다. 2010년 11월 23일 연평도 포격을 당한 대한민국은 이 사건을 계기로 국가안보의 중요성과 즉각적인 대응의 중요성에 대해 인식하게 되었고 보다 과감한 대북 정책을 결의하게 되었다.

2011년 1월 21일 대한민국 해군 특수부대는 소말리아 해적에 의해 납치되었던 삼호주얼리 호를 해적들로부터 다시 빼앗아 오는 데 성공했다. 우리나라 해군 UDT 정예부대는 사전에 잘 준비된 특공작전을 전개했고, 우리 선원 전원과 배를 다시 빼앗아 오는 쾌거를 이룩했다.

많은 대한민국 국민이 기뻐했다. 아마 국민 다수는 대한민국의 인명 피해가 없었다는 사실 때문에 기뻐했을 것이다. 작전에 성공했더라도 피해가 있었다면 우리 국민이 어떻게 생각했을지 알 수 없다. 아마도 많은 국민이 협상을 하지 왜 무력을 행사했느냐며 비난했을지도 모른다. 필자는 대한민국이 정말 오랜만에 '국가답게' 행동했다는 사실이 기뻤다. 인명피해가 없었다는 사실도 중요하지만 이 같은 특수작전에 인명피해의 가능성은 항상 있기 마련이다.

2011년 12월 17일 김정일이 사망한 후 권력을 승계받은 김정은은 자신의 권력을 공고히 하기 위한 방편으로 대남 도발을 거듭하고 있다. 김정은의 북한은 김정일 시대보다 오히려 더욱 도발의 강도를 높이고 있는데 이는 김정은의 권력이 김정일 수준으로 공고하지 못하다는 사실을 반영한다. 김정은은 2012년 4월에 장거리 미사일 발사를 단행했지만 실패한 후 12월 12일 다시 미사일 발사를 단행했고 2013년 2월 12일에는 3차 핵실험을 단행했다. 이후 현재까지도 한반도에는 위기가 지속되고 있다. 김정은은 2013년 12월 고모부인 장성택을 반역죄로 잔인하게 학살·처단하는 광기조차 부리고 있다.

그나마 북한이 천안함 격침과 같은 더욱 노골적인 도발을 자제하고 있는 이유는 그동안 당했던 대한민국 국민과 국군이 북한이 도발할 경우 결코 가만히 있지 않겠다는 강력한 결의를 보이고 있기 때문이다. 대한민국은 '능히 전쟁할 수 있는 나라'라는 사실을 북한에게 지속적으로 인식시켜야 하며 그럼으로써 북한의 무력 도발을 억제할 수 있다.

북한은 금명간 대한민국을 테스트 해보고자 할 것이다. 그리고 우리가 북한의 도발에 적극 대응하는 날, 그날 이후부터 북한은 이미 시작된 몰락의 길을 더욱 재촉하게 될 수밖에 없을 것이다.

## 국가는 쉽게 죽을 수 있다

미국의 여류 국제정치학자 타니샤 파잘(Tanisha Fazal) 교수는 '국가의 죽음(State Death)'에 관해 집중적으로 연구하는 학자다. 그녀는 2007년『국가의 죽음(State Death)』이라는 책을 간행했는데 이 책은 국가가 얼마나 쉽게 죽임을 당했는지를 명확한 역사 자료를 통해 밝혀내고 있다. 2008년도 미국 정치학 우수학술도서상을 수상한 이 책에서 파잘 교수는 나폴레옹 전쟁 직후, 즉 근대 국민 국가 체제(modern nation state system)가 성립되기 시작한 1816년부터 서기 2000년까지를 연구 대상기간으로 삼았다. 파잘 교수는 이 기간 동안 국제정치 체제에 존재했던 국가는 모두 207개 나라였다는 사실을 찾아냈다.

파잘 교수는 서기 2000년 현재 207개 나라 중 무려 66개국이 사라져버렸다는 충격적 사실을 발견했다.[7] 전체 국가 중 약 32%가 이 기간 중 소멸되어 버린 것이다. 더욱 충격적인 사실은 없어진 66개 국가 중에서 50개 국가가 이웃 국가들이 휘두른 폭력(전쟁)에 의해서 사라졌다는 점이다. 지난 184년 동안 존재했던 국가 중 거의 4분의 1에 해당하는 숫자의 국가가 다른 나라에 의해 폭력적인 죽음을 당했다는 말이다. 국제정치가 험악한 곳이라는 사실을 알고 있던 사람들에게조차 파잘 교수의 자료는 놀라울 정도다. '국가안보'야말로 국가에게 있어 아무리 강조해도 지나치지 않을 가장 중요한 국가이익이라는 사실을 너무나도 분명하게 말해 주는 자료다.

파잘 교수는 우리가 평소 생각했던 것보다 훨씬 더 많은 숫자의 나라가 다른 나라가 휘두른 폭력에 의해 멸망당했다고 분석하면서 최근의 역사는 국가의 죽음을 희귀한 사례로 생각하도록 만들었지만 앞으로 다가올 세계에서 국가의 죽음은 더욱 빈번하게 나타날 것이라고 결론 내린다.[8] 파잘 교수는 조선을 1905년 일본의 폭력에 의해 사라진 나라로 기록하고 있다.[9] 조선이 일본에게 공식적으로 합병된 것은 1910년의 일이지만, 이미 1905년 을사늑약 이후 조선은 더 이상 실질적인 독립국이 아니었다는 점에서 파잘 교수의 분석은 무리 없이 받아들일 수 있을 것이다. 우리 선조 국가인 조선은 근대

국제체제가 시작된 후 폭력에 의해 멸망당했던 사례 중 하나가 된 것이다.

만약 1950년 6월 25일 소련과 중국의 지원을 받은 북한이 전면 남침 전쟁을 개시했을 때 미군을 위시한 UN군이 한국을 지원하러 오지 않았더라면 파잘 교수의 죽은 나라 목록에 대한민국이 포함되었을 것이다. 마찬가지로 1950년 늦은 가을 중공군이 개입하지 않았더라면 북한은 파잘 교수의 죽은 나라 목록에 추가되었을 것이다. 미래 어느 날 대한민국이 평화적으로 자유 통일을 이룩하는 날 파잘 교수가 작성한 '국가의 죽음' 자료 목록에 "북한, 대한민국에 의해 평화적으로 소멸되다."라고 기록될 것이다. 북한은 파잘 교수의 자료 목록에 대한민국이 북한에 의해 사멸(死滅)된 나라라고 기록되기를 원하고 있다.

## 전략은 비관론(悲觀論)에 근거해야 하는 것

현실주의 국제정치학 제3세대 이론인 공격적 현실주의[10]를 대표하는 미국의 정치학자 존 미어세이머(John J. Mearsheimer) 시카고 대학교수는 한국 사람처럼 국제정치에 의해 국가의 운명이 좌우되었던 국가는 폴란드 외에는 없을 것이라고 말하며 한국 사람은 국제정치에 대해 그 어떤 나라보다도 예민해야 한다고 말하고 있다.[11] 그러나 한국 국민은 국제정치의 혹독함을 그토록 오래 경험했음에도 불구하고 국제정치의 감각이 예민한 편은 아니다. 너무 오래 힘든 세월을 살았기 때문에 감각이 무뎌졌다고 말하는 것이 더 옳을지도 모른다. 또한 항상 강대국에 편승해서 살다 보니 스스로의 독자적인 전략을 세울 줄 모르게 되었다고 말하는 사람도 있다.

여러 가지 원칙들이 많지만 한국 국민이 흔히 잊어버리고 있는 것 중의 하나는 국가안보 전략은 비관론에 근거한 것이어야 한다는 사실이다. 임진왜란이 일어나기 전 선조는 두 명의 특사를 일본에 파견, 일본의 상황을 정탐했다. 두 특사가 돌아와서 자신이 관찰한 바를 말했는데 서로 반대되는 이야기였다. 김성일은 일본의 도요토미 히데요시가 감히 전쟁을 도발할 인물이 되지 못한다고 보고했고 황윤길은 그와 반대로 일본의 침략에 대비하지 않으면 안 된다고 보고했다. 전략론의 상식에 의하면 당연히 황윤길의 보고를 맞는 것으로 간주하고 이에 대비해야 한다. 당시 조선의 현인 이율곡은 조선의 능력으로는 도저히 이룩할 수 없는, 힘에 벅찬 10만 양병론을 주장했다. 아마 요즘 같은 세상이라면 그는 수구 꼴통으로 취급되고 전쟁광이라며 손가락질받았을지도 모른다.

선조는 낙관적인 보고에 의존해서 일본의 침략에 철저하게 대비하지 않았다. 그 결과 조선은 한민족 역사상 최악의 전란과 참화를 당하게 된다. 우리는 그 확률이 비록 낮을지라도 중병에 걸릴 수 있다는 전제하에 건강을 지키기 위한 전략을 세우고 행동한다. 국가도 마찬가지다. 국가의 삶과 죽음을 다루는 데 돈이 부족해서 안 된다느니 혹은 전쟁이 날 가능성이 그렇게 높겠는가 등의 핑계를 대면 안 된다.

국가안보를 위해 바친 물적 정신적 희생은 전쟁이 발발하고 있지 않는 한, 효과를 보고 있는 것이라 보아야 한다. 비록 100년에 단 한 번 쓸 일이 있을지 모르더라도 그때에 대비해서 국가 안보전략을 세워 둬야 하며, 군사력을 갖추고 있어야 하는 것이다. 인간에게 있어 삶과 건강보다 더 중요한 가치가 있을 수 없듯이 국가에게도 생존(국가안보)보다 더 중요한 가치는 없는 것이다.

## 이웃 나라를 보는 올바른 관점

국제정치는 빨리 변하고 또한 복잡하다. 국가의 힘이 빠르게 변하고 이에 따라 국가의 생각과 외교정책 그리고 행동이 변하기 때문이다.

최근 우리나라는 중국과 아주 잘 지내고 있다. 2014년 1월 중국은 그 지난해 6월 박근혜 대통령이 중국측에 부탁했던 '안중근 의사의 의거 현장에 표지석을 설치해 달라.'는 부탁에 훨씬 넘는 응답을 했다. 표지석이 아니라 아예 하얼빈 역사에 200제곱미터에 이르는 안중근 의사 기념관을 세워 준 것이다. 대한민국 온 국민이 감동했고 사사건건 싸움하는 정치권도 일제히 환영했다. 좋은 일이다.

그러나 우리 국민은 우선 이런 일이 일어난 배경에 대해 잘 알아야 한다. 중국이 그렇게 우호적으로 나오는 이유는 중국이 한국을 각별하게 생각해서가 아니다. 중국은 지금 중국의 국력 부상에 정면 도전장을 낸 일본을 견제하기 위해 한국을 필요로 하고 대일 공동전선에 한국을 묶어 두기 위해 그렇게 통큰 행보를 보인 것이다.

우리 국민이 이제는 다 잊어버린 일이 되었지만 2006년 중국 당국은 하얼빈 시 중심가에 세워져 있었던 안중근 동상을 철거한 적이 있었다. 당시는 중국과 일본의 관계가 양호했던 시점이었다. 2014년 현재 극우파로 비난받고 있는 같은 인물인 아베 총리가 2006년 이후 수년간 중국과 관계를 양호하게 바꾸어 놓았던 인물이라는 사실을 아는 것이 중요하다. 2007년 봄 원자바오 총리는 일본을 답방, 일본 정치인과 국민의 역사에 대한 '진정한 사죄'에 중국 인민은 감사하게 생각한다고 말한 바 있었다. 지금 상황에서는 믿을 수 없는 이야기다. 2006년 중국 사람은 일본과의 관계가 양호한 시점에서 안중근 동상이 도심 한복판에 서 있는 것이 좋지 않다고 생각했을 것이다. 이처럼 불과 수 년 만에도 바뀔 수 있는 것이 국제정치다.

그렇다면 이웃 나라를 어떻게 생각하는 것이 국제정치적으로 올바른 일일까? 우리 국민들이 대단히 잘못 알고 있고 또한 잘못 행동하고 있는 것이 바로 이 문제와 관련된다. 우리나라 사람들은 어떤 나라를 인식할 때, 그 나라를 '좋은' 나라 또는 '나쁜' 나라로 평가하는 고질적인 습관이 있다. 우리가 말하는 혈맹(血盟)이란 용어는 문자 그대로 '피로 맺어진 동맹국' 이라는 의미인데 국제정치학에서 그런 개념은 존재하지 않는다.

미국과 소련은 제2차 세계대전 당시 독일의 나치 정권을 향해 피나는 투쟁을 함께 벌인 동맹국이었지만 두 나라가 상대방을 혈맹으로 인식한 적은 없다. 반대로 우리나라 사람은 한번 적이면 거의 영원한 적, 혹은 미운 나라로 간주하는 습성이 있다. 한국 사람이 언제 일본 사람을 객관적으로 이웃이라는 관점으로 대할 수 있게 될지 알 수 없다. 한국인에게 일본은 '영원한 적' 일지도 모른다.

미국과 일본은 제2차 세계대전 당시 철천지원수였다. 일본군은 미군 포로를 생체 실험했고 미군 병사 중에는 자신이 죽인 일본군 병사의 두개골을 고향의 여자 친구에게 기념품으로 보낸 경우도 있었다. 제2차 세계대전 당시 독일군은 약 2,000만 명에 이르는 소련 시민과 군인을 죽였다. 반면 독일을 점령한 소련군은 독일 수도 베를린에서만 200만 건의 강간 사건을 일으켰다. 그러나 오늘날 미국, 소련(러시아), 독일, 일본 중 누구도 상대방을 결코 용서할 수 없는 철천지원수로 생각하고 있지 않다.

국제정치에는 영원한 적도 영원한 친구도 없다. 파머스톤도 그렇게 말했고 미국의 조지 워싱턴도 그런 뜻의 말을 했다. 워싱턴은 '누구를 영원히 나쁜 나라, 누구를 영원히 좋은 나라로 생각하는 것은 스스로를 옭아매는 바보 같은 일'이라 말했다. 오늘 우리나라의 국민과 정책 결정자가 반드시 유념해야 할 국제정치적 금언이 아닐 수 없다.

## 미운 나라 고운 나라는 없다.
## 무서운 나라와 덜 무서운 나라가 있을 뿐이다

한국 사람의 국제정치관은 세계 모든 나라들을 냉혹한 국가이익의 관점에서 평가하는 데 대단히 미숙하다. 이웃 국가로부터 오랫동안 능멸을 당해 왔던 결과 국제정치를 감정적으로 보는 관점이 생겨났기 때문이다. 우리나라 사람들에게 반일(反日)은 거의 고정관념이 되어 버렸을 정도다. 감히 일본하고 잘 지내야 한다고 말하기도 어려운 형편이 되었다. 한 가지 이해하기 어려운 사실은 중국으로부터도 정도는 약했지만 마찬가지 시달림을 더 오랫동안 받아 왔는데 중국에 대한 한국인의 감정은 대일 감정과 너무나도 달리 우호적이라는 사실이다. 물론 한때는 중국을 '중공 오랑캐'라며 격하게 적대한 적도 있었지만 반일감정이 지속되는 것과는 달리 반중 감정은 어느 날 갑자기 놀라울 정도로 희석되었다.

미운 나라, 좋은 나라를 감정적으로 구분하는 경우 외교정책은 국가이익이 아니라 감정에 치우친 잘못된 것이 될 수도 있다. 미국과 소련은 서로 좋아했던 나라라서 동맹을 맺어 독일과 전쟁한 것은 아니다. 지금 미국과 일본이 세계 제1의 동맹국처럼 되어 있는 이유는 일본 사람과 미국 사람이 서로 좋아해서가 아니다. 그래야 할 필요가 생겼기 때문이다. 과거 미국이 일본과 전쟁을 벌였던 태평양 전쟁 시대 동안 미국과 중국은 일본에 대항해서 함께 싸웠던 좋은 친구였다. 그러나 지금 미국은 중국을 견제하기 위해 일본과 힘을 합치고 있는 것이다.

여기서 국제정치의 원리가 나온다. 국가는 무서운 나라가 존재할 때 그 나라에 대항하기 위해 이웃 나라와 힘을 합치는데, 그 기준이 과거가 아니라 현재일 뿐이라는 것이다. 미국이 독일과 처절한 전쟁을 치렀지만 소련이 강자로 부상하자 독일과 힘을 합쳐야 했다. 미국이 소련과 냉전을 벌이는 동안 독일(서독)은 중요한 나토 회원국으로서 미국편에 서서 싸웠고, 결국 미국의 막강한 지지를 얻어 통일을 이룩할 수 있었다.

국가안보정책이란 '무서운 나라'가 야기하는 위협을 감소시키기 위한 제반 노력을 의미하는 것이다.

## 무서운 나라를 찾아내는 기준

그렇다면 무서운 나라는 어떤 나라를 말하는 것일까? 외국을 '좋은 나라' '나쁜 나라' 라는 관점에서 평가하는 경우 무서운 나라를 찾아내는 일이 어려워질 수 있다. 무서운 나라를 잘못 찾으면 국가안보정책을 망칠 수도 있다. 우선 국제체제의 모든 나라를 일단 무서운 나라, 즉 언제라도 생각이 바뀌면 자국을 해칠 수 있는 나라라고 생각해야 한다. 국제정치 체제의 발달 수준이 아직 그 수준에 머물고 있기 때문이다. 그래서 국가는 외국을 대할 때 신뢰하기보다는 의심하고, 타협하기보다는 경쟁하는 것이다.

최근 미국이 독일 수상의 전화를 도청했다는 사실이 밝혀졌는데 국제정치가 얼마나 자국 중심적인 차원에서 이루어지는 일인가를 극명하게 보여 주는 일이 아닐 수 없었다. 독일은 동맹국끼리 그럴 수 있냐며 발끈했지만 독일도 마찬가지로 미국의 정보를 캐내기 위해 노력을 하고 있을 것임이 분명하다.

그러나 이웃 나라 모두를 무서운 나라라고 생각하고 그 나라들을 모두 상대하기 위한 국가안보 정책을 수립한다는 것은 아무리 막강한 나라라도 불가능한 일이다. 그래서 안보정책의 대상을 '한정'하기 마련인데 그것이 바로 '잠재적국' 혹은 '주적' 이라는 개념으로 나타나는 것이다.

미국의 경우 독립 직후에는 영국을 무서워했다. 미국의 독립과 국력이 확고부동한 단계에 도달한 후 미국은 고립주의 정책을 채택, 아무도 적으로 삼지 않는 정책을 취했었다. 제1차 세계대전 당시 미국은 독일을 미국의 안보를 가장 위협하는 나라로 삼아 전쟁했고 제2차 세계대전 당시에는 독일과 일본을 두려운 나라로 상정했었다.

제2차 세계대전 이후 세계 정치에 본격 개입하기 시작한 미국은 소련이 붕괴되는 1990년까지 소련을 미국의 안보정책의 핵심적 대상국으로 삼았고 소련이 무너진 후 당분간은 테러리스트를, 그리고

2010년 이후부터는 중국을 안보정책의 핵심 대상국으로 삼기 시작했다. 영국, 독일, 일본, 소련, 테러리스트 등은 특정 시기 미국이 가장 두려워했던 안보 정책의 핵심 대상이었고 현재는 중국이 그런 대상이다.

미국의 경우 지구 전체를 상대하는 막강한 국력을 보유한 패권국이지만 그럼에도 불구하고 안보정책의 대상국을 한정한다. 힘이 상대적으로 약한 나라들은 당연히 가상 적국을 상정하지 않으면 안 된다. 자신을 가장 두렵게 만드는 나라를 정확히 파악하고 이에 대비해야 한다는 말이다. 가상 적국은 미운 나라가 아니라 무서운 나라를 말하는 것이다.

'무서운 나라'가 누구인지를 파악하는 데 유용한 국제정치학적 기준이 있다. '가까이 있는 이웃 나라 중에서 힘이 가장 막강한 나라' 를 가장 무서운 나라라고 상정해야 한다. 무서운 나라가 지금 당장은 우호적일지라도 영원히 우호적일 수는 없기 때문에, 만약의 경우에 대비, 그 나라를 안보정책의 대상국이라고 가정하고 있어야 한다는 것이다.

미운 나라가 동시에 힘이 제일 막강한 이웃 국가일 경우 안보정책은 쉬워진다. 그러나 그렇지 않을 경우가 있을 수 있다. 미운 나라가 힘이 상대적으로 약한 나라이며, 현재 관계가 양호한 나라가 힘이 막강한 경우도 있을 수 있다. 이 경우는 정말 난감한 상황이다. 원칙적으로는 상대적으로 약한 나라와 연합함으로써 막강한 나라에 대응해야 하지만 사이가 나쁜 나라와 협력을 한다는 것이 쉬운 일은 아니기 때문이다. 이 같은 상황은 작금 한국이 처한 상황과 대단히 흡사하다. 중국과 일본 중 현재 힘이 더 강한 나라는 중국일 것이다. 그러나 한국은 중국과는 관계가 양호한 반면 일본과는 대단히 관계가 악화되고 있다고 보인다. 전략적 원칙은 우리에게 약한 편(일본)과 협력하여, 강자(중국)와 균형을 이루라고 가르쳐 준다. 문제는 우리가 그런 대외 정책을 전개할 수 있는지 여부다.

무서운 나라를 상정하는 또 다른 대단히 유용한 기준이 있다. 주변에 있는 막강한 나라가 '민주주의' 국가라면 일단 국가안보의 대상으로 경계할 필요는 없다. 그러나 막강한 나라가 민주주의 국가가 아닌 한 반드시 안보 정책의 대상으로 삼고 경계를 하지 않으면 안 된다. 1990년대 국제정치학자들이 발굴한 최대의 국제정치 이론인 '민주주의적 평화론(Democratic Peace Theory)'은 '민주주의 국가들끼리는 어떤 경우에도, 결코 전쟁하지 않는다.'는 사실을 밝혀내었다. 이 이론에 의하면 한국과 일본은 아무리 서로 미워하는 나라일지라도, 민주주의 체제를 유지하는 한 전쟁은 결코 없을 것이라고 예측할 수 있다. 대한민국과 일본이 독재국가가 될 가능성은 없을 것이다.

전쟁은 최소한 한쪽 당사국이 민주주의 국가가 아닐 경우에만 발생한다는 것이 민주주의적 평화론이 가르쳐 주는 거의 확정적 진리다. 민주주의 국가가 아닌 나라를 적으로 상정하고 대비해야 한다는 말이다.

# 2부

## 격변하는 동북아시아

1장

# 중국의 부상

## 중국의 국력 부상과 관련국의 반응

한반도 주변의 국제정치 상황 변화가 심상치 않다. 중국의 군사력이 급격히 증가하는가 했더니 미국은 주력을 태평양에 배치하겠다는 새로운 군사전략을 마련하고 있고, 그동안 숨죽이고 있던 일본이 본격적으로 군사국가가 되겠다며 나서고 있다. 북한으로부터의 위협조차 아직 해소하지 못한 대한민국은 주변 강대국의 급격한 군사력 증강과 긴장 고조라는 엎친 데 덮친 격의 불안정한 국제안보 상황에 직면하고 있다.

이 같은 바람직하지 못한 상황이 전개되는 이유는 동북아시아의 국제정치구조가 급변하고 있는 까닭이다. 언제라도 국제체제의 급격한 변화는 국제관계의 불안정을 초래했고, 국제관계의 불안정은 평화를 파괴하고 전쟁을 불러일으키는 원인이었다. 그렇다면 무엇이 동북아시아의 국제정치구조를 급변하게 만든 원인인가?

## 강대국의 출현은 국제정세 급변 요인

국제정치는 언제라도 변동하기 마련인데 국제정치가 변동하는 가장 중요한 이유는 국제정치 체제를 구성하고 있는 국가들의 힘이 변동하고 있기 때문이다. 어떤 나라는 국력이 성장하고 또 어떤 나라는 힘이 쇠잔한다. 약한 나라가 강하게 되고 강한 나라가 약하게 되기도 한다. 허약했던 게르만 국가들이 프러시아에 의해 통합되자 막강한 독일이 탄생했다. 우리는 막강했던 소련이 스스로 붕괴해 버리는 모습도 보았다.

국가들의 국력이 변동하는 경우 주변 국가들의 대외 정책도 변한다. 약할 때는 얌전했던 나라들이 힘이 강해지자 공격적인 나라로 탈바꿈한다. 18세기 가장 얌전했던 나라 중 하나였던 미국이 21세기에는 가장 공격적인 나라가 된 것은 미국의 국력이 변한 결과다.

로버트 케이건 박사는 어떤 사람이 산길을 걷다가 곰을 만났을 때 그 사람이 단도를 들고 있느냐 소총을 들고 있느냐에 따라 그 사람의 행동은 완전히 다를 것이라는 비유로 국가의 국력과 행동을 설명한다.[12] 칼을 가지고 있는 사람은 피하는 것이 상책이지만 소총을 가진 사람은 곰을 쏴 죽이겠다고 생각할 수 있는 것이다.

상대국의 힘이 무럭무럭 자라나는 것을 보고 두려운 나머지, 상대방이 더 강해지기 전에 미리 이를 제어해야 한다며 전쟁을 일으키는 나라도 있다. 급속히 증강되고 있는 아테네의 힘을 두려워한 나머지 아테네의 국력이 더 이상 증강되기 전에 이를 먼저 제압하려고 스파르타가 펠로폰네소스 전쟁을 일으켰다고 투키디데스는 설명한다.[13]

힘이 급속한 속도로 증강되는 나라들은 기왕의 국제질서는 자기에게 불리한 것이라고 생각하고 이를 자기에게 유리하게 바꾸고자 한다. 그러나 기왕의 1인자가 자신에게 유리한 질서를 쉽게 양보하기 어렵다. 그럴 경우 힘이 급속이 증강하는 신흥 강대국은 쇠퇴의 기운이 역력한 노쇠한 강대국을 향해 전쟁을 도발한다. 역사에 나타나는 수많은 패권전쟁(Hegemonic War)들이 대부분 이 같은 방식으로 발발했다. 네덜란드, 포르투갈, 스페인, 영국, 미국으로 패권국이 바뀌는 과정마다 급속한 국력 상승세를 보인 신흥 강대국의 도발이 있었고 대전쟁이 발발했었다. 나폴레옹 전쟁, 양차 세계대전 등이 모두 그런 사례다. 그래서 국제체제의 급변을 초래하는 특정 강대국의 급속한 국력 증강은 언제라도 전쟁과 불안의 원인이 되고 말았다.

지금 동북아시아가 겪고 있는 격동의 국제정치는 과거 후발 강대국의 급속한 국력증강과 그로 인한 국제체제 변동이 초래했던, 대단히 익숙했던 국제정치 패턴의 복사판일 뿐이다. 지금 이 순간 동북아시아 국제체제의 구조변동을 일으키고 있는 가장 중요한 요인은 말할 것도 없이 지난 30여 년 동안 중국의 국력이 대단히 급속한 속도로 증강했다는 사실이다. 인구 14억에 이르는 대국이 연평균 10%에 육박하는 경제 성장을 30여 년 이상 지속했다는 사실은 국제체제의 급격한 변동을 초래하고도 남을 일이다. 중국의 부상은 과거 어떤 강대국의 국력 증강보다 더 큰 충격파를 야기하고 있다.

미국의 저명한 평론가 조지 윌(George Will)은 이미 1990년 '중국의 국력 증강 속도는 1900년대 초반 독일의 국력 증강을 방불케 한다. 독일의 국력 증강이 야기하는 문제는 두 차례의 잔인한 전쟁을 통해 해결되었다. 중국의 경우 그 같은 일이 없도록 사전에 조치를 취해야만 할 것'이라고 경고했다.[14]

## 중국의 급부상에 대한 주변국의 반응

중국의 급부상은 결국 미국의 본격적인 반응을 불러일으키고 있으며 그다음 일본, 인도, 베트남, 호주 등의 반응을 불러일으키고 있다. 이미 오랫동안 중국의 부상에 대해 시급히 대책을 강구해야 한다는 주장들이 많았지만, 지난 10여 년 동안 미국의 정치가들에게 더욱 절박했던 문제는 테러와의 전쟁이었다. 그러나 최근 상황이 변하기 시작했다. 미국은 2011년 5월 2일 오사마 빈 라덴을 사살했고 테러리즘과의 싸움에서 승기(勝機)를 잡았다고 판단했다.

반테러 전쟁에서 승리했다고 확신한 미국은 그동안 알면서도 덮어두었던 문제, 즉 중국의 부상에 적극 대응하기 시작했다. 2011년 후반 이후 무렵부터의 일이다.[15] 2012년 1월 미국은 중국의 부상에 대응하기 위한 새로운 군사정책을 발표한다. 우리나라 사람들은 이 새로운 국방전략을 무슨 이유인지 '신국방전략지침'이라고 부르고 있지만 미국 국방전략 보고서의 이름은 "미국의 패권 유지전략: 21세기 국방정책의 우선순위(Sustaining Global Leadership: Priorities for 21st Century Defense)"라고 되어 있다. 이 새로운 국방전략이 의도하는 바는 한 마디로 '미국의 군사력은 중국의 부상에 적극적으로 대처할 것'이라고 요약해도 될 정도다.

미국의 아시아 중시정책은 미국 단독으로 행하는 것이 아니다. 미국은 중국을 견제하기 위해 이미 결성해 두었던 미국의 아시아 동맹을 적극 활용하고자 한다. 미국의 대중국 견제전략에 적극 참여하겠다며 나선 나라가 일본이다. 2010년 세계 2위의 경제대국 자리를 중국에 내 주었고, 2011년 대지진으로 의기소침했던 일본은 자기들의 말로는 보통국가화, 이웃 국가들이 보기에는 우경화·군사화 전략을 택해 현재의 의기소침에서 탈피할 기회를 찾으려 한다. 2005년 무렵까지는 중국을 오히려 압도했던 일본의 국방비는 2013년 현재 중국의 3분의 1 수준 정도로 낮아졌다.

일본에게는 '잘 나가는 중국, 망해가는 일본'이라는 지난 20년의 분위기를 일거에 바꿀 수 있는 기회가 찾아온 것이다. 미국이 중국의 부상에 대응하는 데 있어 일본의 역할은 사활적으로 중요할 수밖에 없다. 미국은 허약한 일본보다는 중국과 맞장 뜰 수 있을 정도로 강한 일본이 더 좋을 것이다.

2012년 다시 집권한 일본의 아베 정권은 노골적으로 친미, 우경화, 군사화를 추진하기 시작했다. 결국 냉전 시대 같으면 엄두도 못 낼 '집단적 자위권 행사'[16]를 미국으로부터 허락받았고, 미국의 지원 아래 군사강국화의 길을 열기 시작했다.

그러나 일본의 군사화는 이웃 나라의 경계심을 불러일으키지 않을 수 없다. 일본의 군국주의로부터 당한 피해가 아직 역사가 되지 못한 상황이기 때문이다. 일제의 폭정에 시달렸던 사람들이 아직도 살아 있는 상황이 아닌가? 잊기에는 그 처절한 기억이 너무나 가까이 있다. 중국의 부상, 이에 대한 미국의 군사적 대응, 이를 위한 미국의 일본 군사화 지원 및 허락, 일본과 중국의 대결 격화, 이 틈새를 노린 북한의 핵보유 기정사실화 노력 등 정말로 동북아시아 국제정치는 '격변'이라 부를 수 있는 상황인 것이다.

## 강대국 국제정치의 비극

물론 중국의 부상이 이러한 복잡한 상황을 의도적으로 초래한 것은 아니다. 중국은 국가로서 당연히 더 강하고 부유한 나라가 되려고 노력했고 상당한 성공을 이루었다. 그러나 중국의 힘이 부쩍 증강했다는 사실은 미국은 물론 중국의 이웃 나라 특히 일본을 불안하게 만들었다. 그래서 미국은 중국의 부상을 두고 볼 수만 없었고, 같은 위협을 느끼는 일본의 군사화조차 지원하는 상황에 이른 것이다.

중국, 미국, 일본 그 어느 나라도 사악한 전략을 추구한 것은 아니다. 그런데 동아시아 국제정치는 마치 100여 년 전 전쟁의 시대를 방불케 하는 모습으로 바뀌고 있다.

국가들이 의도하지 않았는데도 불구하고 국제정치의 상황이 악화되는 현상을 국제정치 학자들은 안보의 딜레마(Security Dilemma)라는 개념으로 설명한다. 한 나라의 국력 증강은 다른 나라의 불안을 초래하고, 불안한 나라는 자신을 방위하겠다는 의도로 무장력을 갖추거나 이웃과 동맹을 체결하는데, 바로 그러한 행동은 상대방에 의해 공격적인 행동으로 인식될 수밖에 없다는 것이다. 결국 자기를 보호하기 위한 각 국가의 노력은 상대방을 자극하고 결국 이전보다 오히려 더 불안정한 국제정치를 도래케 한다는 개념이다.

미어세이머 교수는 이러한 상황을 '강대국 정치의 비극(悲劇, Tragedy of Great Power Politics)'[17]이라고 설명한다. 강대국들이 모두 올바른 선의의 목표, 즉 자기 나라 국민들을 더 잘 살게 하고 더 안전하게 하기 위해 경제력과 군사력 증강을 위해 노력했는데, 그것이 의도와는 전혀 달리 다른 강대국들을 불안하게 하고 그들의 부정적 반응을 초래하게 된다는 것이다. 결국 국가들의 올바른 행동도 국제관계를 더욱 불안하게 만드는 요인이 될 수 있으며 최악의 경우 전쟁을 초래하는 원인이 되고 만다는 것이다. 국제관계란 강대국, 약소국을 불문하고 냉혹하고 잔인하다. 국제정치의 세계는 양과 사자가 함께 뒹구는 천국과 같은 곳이 아니다. 강대국 국제정치의 '비극적' 현실이 지금 한반도 주변에 거대한 먹구름을 드리우고 있는 것이다.

## 경제성장속도를 능가하는
## 중국의 군사력 증강

국제정치 전문가들에 의해 2000년대 초반 10년 동안 가장 많이 이야기되고 있었던 담론 주제는 '중국의 부상(Rise of China)'이었다.[18] 국제정치를 논하는 사람들은 누구라도 이야기할 수밖에 없는 주제였다.

한국 사람들은 국제정치를 냉혹하게 보는 습관에 익숙하지 않아서인지 모르겠지만, 중국의 부상에 대해 세계의 일반적인 견해와 상당히 다른 관점을 가지고 있다. 한국 사람들은 중국의 부상에 대해 긍정적이며 또한 과장하는 편이다. 중국에 관한 베스트셀러 소설의 작가는 "이제 머지않아 중국이 G-1이 되리라는 것을 부인하는 사람은 아무도 없다."[19]고 단언하고 있다.

그렇지 않다. 오히려 상당수 국제정치 전문가들이 중국이 G-1이 된다는 것은 '현실적으로 불가능하다.'고 보고 있으며 이런 주장은 최근 더욱 더 많아지고 있다.[20] 미국이 회복하고 있다는 분명한 현상과 중국이 주춤하고 있는 현상이 뚜렷이 나타나기 시작했기 때문이다.

물론 지금 이 순간 중국이 국력이 급속도로 증강된 상태임을 부인할 수 없으며 앞으로 중국이 정치·군사적인 목소리를 더욱 크게 낼 것이라는 현실을 인정하지 않을 수 없다. 중국이 미국을 앞설 것이냐의 문제와 관계없이 중국은 최소한 향후 10년 정도 이미 증강된 국력을 동원해서 동아시아 지역에서 중국의 지배적 지위를 확보하기 위해 노력할 것이 확실하다. 이미 중국은 자신이 원하는 것들을 보다 공격적 방식으로 표현하기 시작했다.[21]

1978년 등소평에 의해 개혁 개방을 시작한 이후 지난 30여 년 동안 연평균 10%에 육박하는 경제 발전을 이룩한 중국은 2010년에는 GDP 총량에서 일본을 추월, 세계 2위의 경제 대국으로 등극했다. 2002년 당시만 해도 중국의 경제는 세계 7위였지만 그 후 8년 동안 중국의 경제력은 영국, 프랑스, 독일, 일본을 모두 앞질렀다. 이제 미국만이 중국보다 큰 경제를 가지고 있는 나라다.

물론 개인소득으로 계산할 경우 중국은 아직도 세계 90위권의 가난한 나라에 속하지만 전체 경제 규모가 2위에 올랐다는 사실, 그리고 중국 정부는 막강한 경제력을 외교 및 군사적 수단으로 쉽게 활용할 수 있는 독재 권력을 장악하고 있다는 사실을 고려할 때 중국의 부상은 국제체제에 심각한 충격을 가하는 요인이 아닐 수 없다.

중국은 오랫동안 평화적으로 굴기하겠다[和平崛起]고 말해 왔다. 즉 자신은 강대국이 되어도 국제평화를 해치는 나라가 되지 않을 것이라고 말해 왔다. 그러나 중국의 말과 행동이 일치하는 것은 아니었다. 중국의 능력을 구성하는 두 가지 핵심 요소는 군사력과 경제력이다. 경제력이 급속도로 증강했다는 것을 모르는 사람들은 없다. 그러나 같은 기간 중국의 군사력은 경제력보다 훨씬 빨리 늘어났다는 사실을 아는 사람은 많지 않다.

중국의 군사비는 지난 20년 동안 경제성장 속도의 거의 두 배에 이를 정도로 급속하게 증액되고 있었다. 냉전이 끝난 후, 세계 대부분의 국가들이 군비를 축소시키고 있던 시점에서 중국의 국방비는 더욱 급속하게 증강되었다는 사실이 놀랍다. 1994년부터 2003년에 이르는 10년 동안 중국의 국방비는 연평균 17%의 놀라운 성장을 보이고 있었고 1989년 냉전 종식 이후 2012년까지 23년 동안 연평균 16% 정도씩 군사비가 증액되었다.[22] 결국 중국의 군사비는 1989년 이래 2012년까지 약 15배 정도 증액되었다. 중국 정부가 발표한 국방비 자료가 투명한 것이 아니라는 게 더 큰 문제다. 서방측 정보기관은 중국의 국방비를 중국이 발표한 액수보다 2~4배 정도 더 많을 것이라고 예측해 왔다. 예를 들어 2004년부터 2007년 동안 중국의 평균 국방비는 중국 공식 발표에 의하면 299억 달러 정도였는데 미국의 DIA(국방정보국)는 중국의 국방비를 900~1,300억 달러로 추정했던 것이다.[23] 다음 그림은 세계적으로 권위 있는 군사전문 사이트 '글로벌 시큐리티(globalsecurity.org)'가 냉전이 종식된 1989년부터

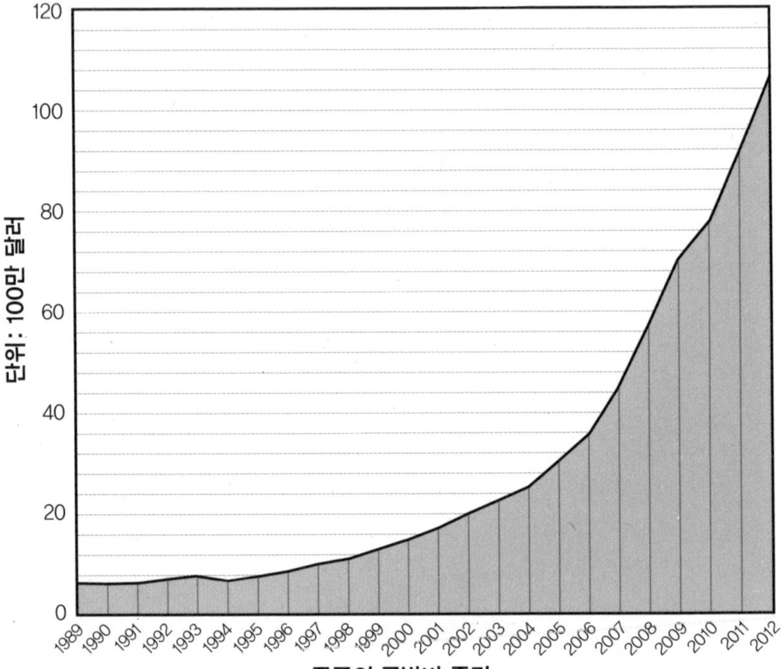


**중국의 국방비 증강**

출처: http://www.globalsecurity.org/military/world/china/budget-table.htm

2012년에 이르는 기간 동안 중국정부가 발표한 자료를 가지고 만든 중국 군사력 증강을 보여 주는 꺾은선 그림표다.

이 같은 주장에 대해 중국 사람들은 반론을 펼 수 있다. 양적인 측면에서는 중국의 군사력이 대폭 감축되었기 때문이다. 냉전 당시 500만 명에 육박했던 중국군의 병력 숫자는 2012년 현재 250만 명 수준으로 거의 40% 정도 줄어든 상태다. 그리고 중국 국방비가 중국의 GDP에서 차지하는 비중도 상대적으로 낮은 편이다.

그렇다 하더라도 양적인 측면에서는 무려 40%나 줄어들었음에도 불구하고 중국의 국방비가 15배에 이르고 있다는 사실을 어떻게 설명해야 할 것인가? 미국의 분석가들은 중국의 군사력이 'Leaner But Meaner', 즉 홀쭉해졌지만 더욱 매서운 군사력으로 변화했다고 말한다. 중국 인민해방군은 육군 위주의 구식 군사력으로부터 해군 및 공군 위주의 과학적 군사력으로 변한 것이다.

중국의 육군은 중국의 지정학적 성격상 방위 혹은 국내치안 유지군의 성격이 강하다. 이에 반해 해군과 공군은 '힘의 투사(power projection)' 용도, 즉 공격용으로 쓰기 적합한 군사력이다. 군사력을 공격용이나 방어용으로 명백하게 구분할 수 없고, 구분한다는 것도 무의미하지만 중국과 같은 대륙적 국가가 해군력을 급격히 증강시키고 있다는 사실은 중국이 점차 공세적·팽창적 국가 목표를 추구하기 시작했음을 보여 주는 일이 아닐 수 없다.

## 중국 해군력의 증강

중국은 1970년대 중반까지만 해도 대륙적인 국가전략을 고집했다.

그러나 중국의 급속한 경제발전은 중국으로 하여금 개방된 해양 국가를 지향하지 않을 수 없게 했다. 중국의 급속한 경제발전은 북으로는 랴오닝[遙寧]성으로부터 상하이[上海]를 거쳐 남으로는 구앙동[廣東]성에 이르는 동부해안 지역의 급격한 산업화와 함께 이루어진 것이다. 중국의 산업 중심지가 중국의 동부해안 지역에 집중되어 있다는 사실은 중국 국가안보 전략의 중심축을 대륙에서 해양적인 것으로 바꾸지 않을 수 없게 했다. 장리안종[張連忠] 제독은 '지난 100년 동안 중국은 7회의 제국주의 침략을 받았는데 모든 침략은 바다를 통해 이루어진 것'이라 말함으로써 중국은 시급히 해양 방위 전략을 수립해야 할 것이라고 주장했다. 중국의 해안가가 중국 산업의 중심지가 되었다는 사실과 더불어 중국이 해로를 중시하는 무역 국가로 바뀌게 되었다는 사실은 중국이 해군력을 증강하고 바다를 중시하는 전략을 채택하게 만든 계기가 된다. 해안방위는 물론 중국의 생명선이 되어버린 해로(Sea Lane)를 보호해야 할 중요성이 극적으로 높아지기 시작한 것이다.

이같이 변화된 전략 환경에 처한 중국의 군사 전략 역시 급격하게 변했다. 지상군 중심의 게릴라 전쟁론, 대군 중심의 인민전쟁론 등이 과학군, 기술군을 강조하는 현대식 군사전략으로 바뀌게 되었다. 이 같은 군사전략 변화의 핵심에 중국의 해군이 자리하고 있는 것이이다. 중국은 육군을 감축하는 한편 국방비를 지속적으로 증액시켜 왔는데 증액된 국방비의 상당 부분을 해군력 증강에 투자하고 있다.

우리는 중국 해군력의 증강을 중국의 국가 성격 변화의 당연한 귀결로 생각할 수 있다. 그럼에도 불구하고 미국은 물론 중국의 주변 국가들이 중국 해군력의 증강을 우려하는 이유는 중국의 군사력 증강이 전반적으로 상당히 불투명하게 이루어지고 있다는 사실, 중국의 필요를 훨씬 초과하는 수준으로 이루어지고 있다는 사실, 더 나아가 중국의 군사력과 대외정책이 대단히 공격적인 성격을 보이기 시작했다는 사실 때문이다. 우선 중국의 해군력 증강 현황을 분석한 후 중국의 공세적 해양 전략을 설명하기로 하자.

중국이 해군력 증강의 필요성을 인식한 것은 1980년대 중반 이후의 일이다. 1985년 중국의 해군 사령관이던 류화칭[劉華淸] 장군은 육군 출신이었지만 바다의 중요성을 인식하고 해군력 건설을 강조, 중앙 군사 위원회를 통해 보다 적극적인 해양 방어 전략인 근해방위(近海防衛, Offshore Defense) 전략을 발표했다. 이후 중국의 해군력은 마치 제1차 세계대전 직전 빌헬름 황제의 독일 해군력 증강에 비견될 수 있는 급속한 증강을 보이고 있다. 위의 표는 1985년 이후 중국의 해군력 증강 현황을 보여 준다.

중국 해군의 증강 현황 중 특기할 만한 것은 수상함이 대폭 증강

| | 1985 | 1990 | 1995 | 2000 | 2008 | 2012[25] |
|---|---|---|---|---|---|---|
| 잠수함 | 핵잠수함 2척, 기타 100척 | 핵잠수함 1 척, 기타 93척 | 핵잠수함 1척, 기타 52척 | 핵잠수함 1척, 기타 64 척 | 전략 핵잠수함 3척, 기타 62척 | 전략 핵잠수함 3척, 기타 68척 (핵공격 잠수함 6척 포함) |
| 구축함 | 14 | 18 | 18 | 20 | 28 | 13* |
| 순양함 | | | | | | |
| 프리깃함 | 22 | 37 | 32 | 40 | 50 | 65 |

**중국 해군력 증강 현황[24]**

되고 있다는 사실이다. 수상함은 문자 그대로 상대방에게 자신의 실력을 보여 주는 군사력이다. 잠수함이 더 위력적이기는 하지만 잠수함은 힘의 과시(Show of Force)를 위한 군사력은 아니다. 숨어서 싸우는 배이며 적에게 노출될 경우 맥을 쓸 수 없는 군함이 잠수함이나. 반면 프리깃함, 구축함, 순양함 등 수상함은 한 국가가 상대 국가에 대해 힘을 과시할 수 있는, 그야말로 포함외교(砲艦外交, Gunboat Diplomacy)를 전개할 수 있는 군사력이다. 해양시대가 개막된 16세기 이래 강대국이 필수적으로 갖춰야 할 군사력이 수상함이었다.

1985년에 36척이었던 중국 수상함 전력은 1990년에는 55척, 2000년에는 60척, 그리고 2012년에는 77척으로 늘어났고 대양해군의 상징인 항공모함도 1척 추가되었다.[26] 25년 동안 40척 이상의 군함이 새로 건조되었던 것이다. 중국 해군의 양적인 증강이 질적인 성능 향상과 함께 이루어지고 있음은 말할 필요도 없다.

일반적인 국가의 경우 대형 군함을 한 척 건조하기 위해서는 기획, 예산 편성, 건조, 취역에 이르는 데까지 족히 10년은 걸리는 일인데 중국이 국가적인 차원에서 해군력 증강에 매진하지 않는 한 이처럼 놀라운 해군력 증강은 불가능한 일이다.

특히 중국이 보유한 신형 구축함 대다수는 지난 10여 년간 건조 및 도입된 군함으로써 중국은 7,000톤급 이상의 구축함을 매년 연평균 3~4척씩, 거의 찍어내듯, 급속하게 증강시키고 있는 중이다.

중국은 2012년 9월 25일, 최초의 항공모함 랴오닝 함을 취역시킨 이후, 현재 항모전단 구성 작업을 진행 중에 있다. 이는 구소련으로부터 도입한 바랴그(Varyag) 항모를 중국 해군이 개조한 것이며 현재 순수 중국제라고 말할 수 있는 제2번 항공모함을 건조 중이라고 알려졌다.

영국의 세계적 해양전략 전문가 지오프리 틸(Geoffrey Till) 교수가 평가하듯 중국의 해군력 증강은 "중국의 합법적 안보 우려를 넘는, 염려할 정도로 과도한 것"[27]이 아닐 수 없다. 이처럼 과도한 중국 해군력 증강은 2010년대 이후, 아시아의 군사력 상태를 중국에게 압도적으로 유리한 상황으로 만들어가고 있는 중이다.[28] 육군과 공군력에서 이미 아시아 최강에 도달한 중국은 금명간 해군력에서도 아

| | 잠수함 | 구축함 | 프리깃함 | 병력수 | 해군항공대 | 총톤수 |
|---|---|---|---|---|---|---|
| | | | | | 항공모함 | |
| 한국 | 12 | 6 | 12 | 41,000 | 8/0 | 192,000 |
| 중국 | 71 | 13 | 65 | 255,000 | 311/1 | 1,352,000 |
| 일본 | 18 | 30 | 16 | 45,518 | 95/0 | 451,000 |

**2012년 한국, 중국, 일본의 해군 군사력**[29]

| | 육군 병력수 (만명) | 탱크 | 야포 | 해군 병력(만) | 잠수함 | 수상함 | 해군용 항공기 | 공군 병력수 | 전투기/ 폭격기 |
|---|---|---|---|---|---|---|---|---|---|
| 중국 | 160 | 7430+ | 12,367+ | 21.5 | 65 | 77 | 341 | 30 | 2,580 |
| 일본 | 14 | 777 | 1,776 | 4.55 | 18 | 47 | 78 | 4.71 | 410 |
| 한국 | 52.2 | 2,414 | 11,038 | 4.1 | 12 | 28 | 8 | 6.5 | 620 |

**한중일 3국의 군사력 비교**

시아 1위가 될 것이다. 중국이 아시아 지역에서 자신들의 패권적 지위가 확립되었다고 생각할 경우 중국은 본격적으로 미국의 세계 패권에 대해 도전할 것이다. 위의 표들은 2012년도 중국, 일본 및 한국의 군사력 현황을 보여 준다.

## 중국의 공격적 대외 전략

곰을 만난 등산객이 소총을 들고 있을 경우와 작은 칼을 들고 있을 경우 당연히 행동이 다를 것이라는 비유를 했었다. 힘이 센 나라는 그렇지 못한 나라보다 용감할 수밖에 없다. 같은 나라라도 약했을 때와 강했을 때 행동이 달라진다. 세계 2위의 강대국 자리에 오른 중국의 행동은 점차 공격적·팽창적으로 변하고 있다. 특히 아편전쟁에 패전한 1842년 이후 1949년 공산정부가 수립될 때까지 약 100년의 세월을 '치욕의 세월(Age of Humiliation)'이라고 간주하고 있는 중국은 자신의 힘이 증강되자 본격적으로 공격적·팽창적·강압적 태도를 취하기 시작했다.

중국의 선각자들은 이미 중국의 국력이 증가할 경우 필연적으로 과격한 행동을 하게 될 것이고 이는 주변국의 반격을 받게 되리라는 사실을 우려하고 경고했다.

중국을 근대화시킨 등소평은 24자로 요약된 중국의 미래 전략을 제시했었다. 냉정관찰(冷靜觀察), 참온각근(站穩脚筋), 침착응부(沈着應付), 도광양회(韜光養晦), 선우수졸(善于守拙), 절부당두(絶不當頭)라는 등소평의 지침은 냉정하게 관찰하고, 입장을 확고하게 견지하며, 침착하게 대응하고, 때에 이르기 전까지 자신의 능력을 노출하지 않고,

교묘하게 세태에 융합하지 않고 우직함을 지키며, 결코 우두머리로 나서지 말라는 전략 지침이었다.

힘이 막강해졌다고 느끼고 있는 중국의 군인, 정치가, 국민 중 상당수가 이 좋은 금언을 잊어버리고 있다. 필자는 오늘의 중국이 등소평의 조언를 받아들이는 것이 오히려 더욱 힘든 일일 것이라고 생각한다. 힘이 증강된 중국이 과거처럼 점잖게 행동한다면 오히려 그것이 더 비정상적인 일일 것이다. 그래서 국제정치를 힘의 정치라고 말하는 것 아닌가? 우리나라 사람들은 국제정치를 너무나도 도덕적으로 보는 경향이 있다.

시진핑[習近平] 주석은 물론 말로는 언제라도 "중국은 평화적인 나라" "중국의 DNA에는 패권주의가 없다."고 말하지만 중국이 평화적이냐 아니냐는 이웃 나라가 판단하는 것이다. 이웃 나라의 판단에 의하면 시진핑 시대가 개막된 이후 중국은 더욱 공격적인 외교 및 군사정책을 전개하기 시작했다. 중국계 미국인 변호사인 고든 창(Gordon Chang)은 시진핑 시대를 '모택동' 못지않은 과격한 시대가 되리라 예상한다. 미국의 군사 전문가들 중에도 시진핑 시대의 대외정책을 심각하게 우려하고 있는 사람들이 많다. 고든 창은 시진핑이 강고한 권력 기반을 가지고 있지 못하기 때문에 군부의 지지를 필요로 하고 그 결과 군부의 입맛에 맞는 공격적인 대외정책을 구사하고 있다[30]고 분석한다.

그러나 중국의 능력이 증강되었다는 사실이 중국의 공세적 대외 정책을 설명하는 데 가장 중요한 원인일 것이다. 중국의 공격적 대외 정책은 특히 서해(황해), 동지나해, 남지나해 전역에서 그 노골적인 보습을 보이고 있다.

방어적인 개념으로서의 '해양 방위전략'[31]을 구상했던 중국은 더 이상 방위전략이라고 보기 힘들 정도의 공세적 해양 전략을 수립해 놓고 있다. 중국은 서태평양 전체를 마치 자신의 바다처럼 만들어 버리는 선을 그어 놓고 그 선 안쪽에 중국에 해로운 세력의 출입을 반대하고 출입 시 쫓아내겠다는 전략을 추구하고 있다.[32] 다음의 지도는 중국의 공격적인 태도를 극명하게 보여 주고 있다. 바다는 본시 모든 나라가 자유롭게 항해하고 자원을 개발하는 인류 공통의 자산이다. 그런데 중국은 바다 위에 마치 국경선 같은 선을 그어 놓은 것이다. 중국의 이 같은 해양 정책은 항해자유의 원칙을 패권 유지의 한 축으로 삼고 있는 미국의 격렬한 반대에 부딪히고 있다. 오늘 중국의 앞바다는 세계 어느 곳보다도 분쟁 발발 가능성이 높은 곳으로 돌변해 버렸다.

중국은 두 개의 도련선을 설정했는데 각각 제1도련선, 제2도련선이라 부른다. 제1도련선은 일본열도 - 오키나와 - 필리핀 - 인도네

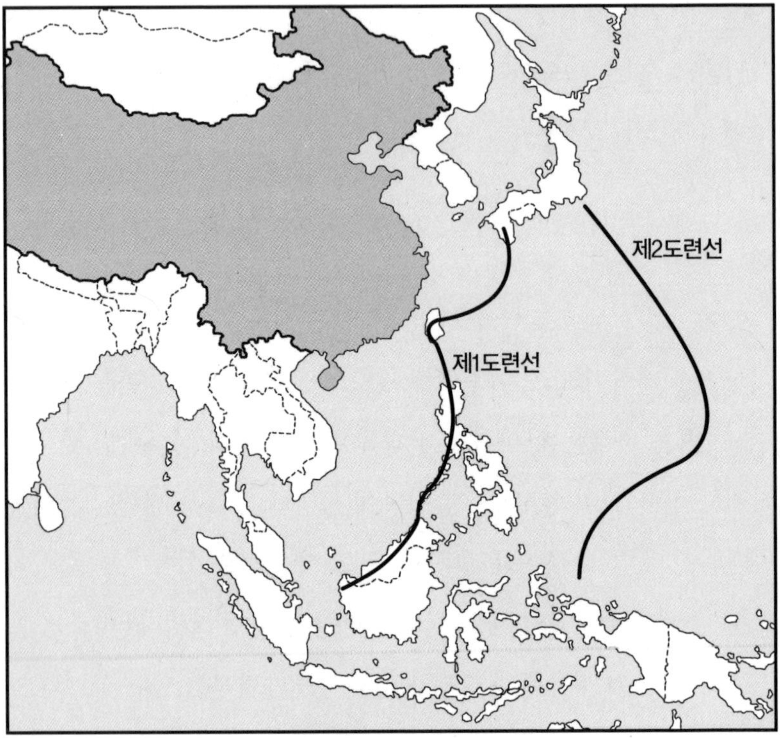


**중국의 제1, 2도련선**

시아의 보르네오 섬을 잇는 선이며 제2도련선은 사이판 - 괌 - 인도네시아를 잇는 선으로 이 선은 마치 중국이 태평양을 미국과 반반씩 차지하자고 주장하는 느낌마저 든다. 중국은 궁극적으로 두 개의 도련선 안쪽의 지역을 자신들의 '영해'처럼 지배하고 싶어한다. 중국은 우선 제1도련선 안쪽에 중국의 이익을 침해할 수 있는 세력의 접근을 금지(Anti-Access)하고 위협세력의 군함이 접근할 경우 이를 격퇴할 수 있는 거부 능력(Area Denial) 을 갖추고자 한다. 미국 국방부는 중국의 이 같은 전략을 'A2/AD 도전' 이라 부른다.[33]

중국이 상정하는 제1도련선 속에 한반도와 일본열도가 포함되어 있으니, 중국이 상정하는 위험은 미국(해군)이라는 사실은 말할 필요도 없을 것이다. 제1도련선을 중국의 배타적인 주권 지역으로 만들겠다는 의도는 국제 해양법에서 인정하는 공해에서의 항해자유 원칙을 전적으로 무시하는 것이며 각국 해안선에서 200해리 이내의 바다를 인접국의 배타적 경제수역(EEZ)으로 인정하는 조치도 무시하는 것이다.

중국의 해양 전략은 미국과의 충돌만 초래한 것은 아니다. 일본은 물론 베트남, 필리핀, 인도네시아, 말레이시아, 브루나이 등 아시아 모든 나라와 중국이 갈등을 벌이는 상황이 되었다. 자신이 설정한 관할선 속의 모든 섬들과 환초들은 중국의 소유라고 주장한 당연한 결과다. 필리핀과는 스카보로(중국명 황옌다오) 섬에서 베트남과는 다수의 파라셀군도(서사군도)의 섬들에서 그리고 인도네시아, 말레이시아 등과는 스프라틀리군도(남사군도)에서 분쟁을 벌이고 있다. 북태평양 지역에서 한국과는 이어도 일본과는 센카쿠(중국명 댜오위다오)를 두고 분쟁을 벌이고 있는 중이다. 중국은 현재 이웃에 있는 '모든 나라'와 영토 혹은 관할권을 둘러싼 분쟁을 벌이고 있는 중이다.

중국은 이제까지 미국 해군에게 직접적 군사공격을 가한 적은 없다.[34] 그러나 중국은 서서히 미국의 군함들이 이 지역에서 활동하는 것을 물리적으로 방해하기 시작했으며 중국 해군력이 증강됨에 따라 이 지역의 미국 해군에 대한 도전은 증대될 것이 분명하다.

2013년 7월 5일부터 12일까지 중국은 러시아와 블라디보스토크

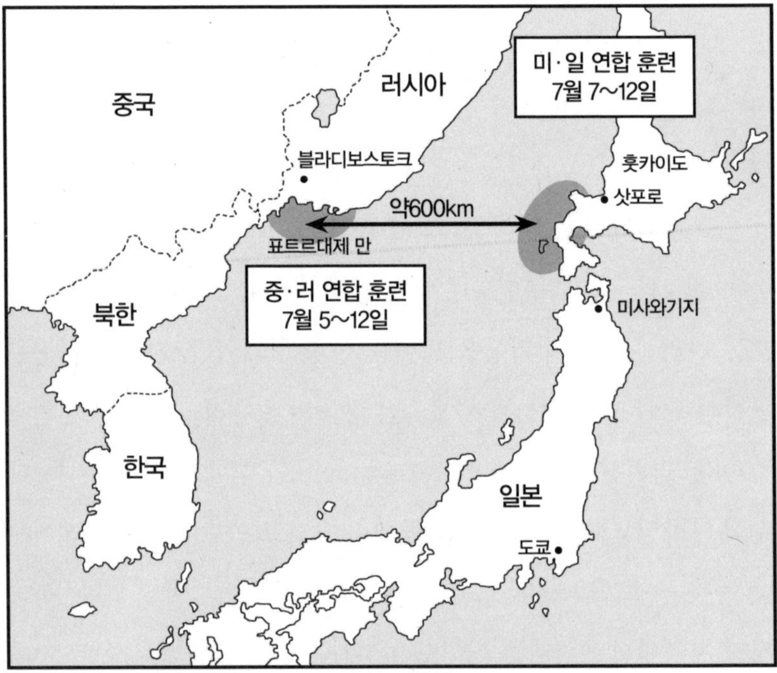


**중국-러시아, 일본-미국 해양훈련지도(2013.7.5.-12)**
출처: 조선일보

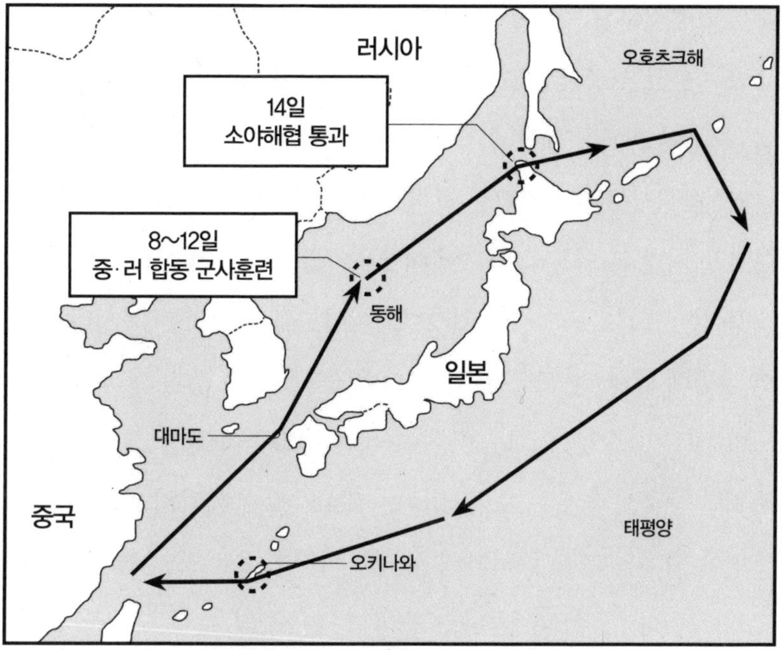


**해양훈련을 마친 중국해군의 귀환 항로 지도**
출처: 조선일보

근해에서 해군 합동훈련을 전개했다. 중국 역사상 최대의 함대가 해외의 훈련에 파견된 사례였다. 미국은 중국과 러시아가 해상 합동 훈련을 전개하는 순간 거의 즉시 일본에게 합동훈련을 제의, 중러 훈련이 벌어지고 있던 곳에서 불과 600Km 밖에 떨어지지 않은 곳에서 맞불 훈련(7월 7일부터 12일까지)을 실시한 바 있었다. 훈련이 끝난 후 중국 함대는 일본 북해도 북방의 소야 해협을 통과한 후 마치 일본

본토를 포위하듯 일본 동쪽 앞바다를 항진해서 중국으로 귀환했다.

이 지도들은 중국과 러시아의 해상 훈련에 대한 미국과 일본의 맞불 훈련 및 훈련이 끝난 후 중국 해군의 항해도를 보여 준다. 중국 해군의 항로는 물론 국제법을 전혀 위반한 것은 아니지만 중국 함대의 항로를 지켜 본 일본의 기분이 어땠을지를 상상하기 어렵지 않다.

중국은 또한 2013년 11월 23일 이어도를 포함하는 동지나해 지역 상공에 대해 일방적으로 방공식별구역을 선포했다. 영국의「이코노미스트지(The Economist)」는 힘이 세진 국가들이 종종 그렇게 행동하지만 중국의 경우는 '도가 지나친 것'이라고 분석하며 마치 10대의 소년이 넘치는 힘을 주체하지 못하고 막무가내로 벌인 행동과 같다고 평가했다.[35] 미국은 곧바로 중국의 방공구역 설정을 노골적으로 무시하는 조치를 취했다. B-52 폭격기 두 대를 중국이 선언한 방공식별구역에 사전통고 없이 투입·비행하도록 조치했던 것이다.

앞서 말했듯이 중국의 시진핑 주석은 "중국의 DNA에는 패권적인 요소가 없으며 중국이 강대국이 되어도 주변국은 염려할 것이 없다."고 말했다.[36] 그렇다면 왜 등소평은 후배정치가들에게 중국은 패권을 추구하면 안 된다고 신신당부했을까? 또한 전 미 국방장관 로버트 게이츠장관은 최근 발간된 회고록에서 2011년 1월, 자신이 중국을 방문하던 바로 그 시간 동안 중국이 자체 제조한 스텔스기 J-20 기를 시험 비행했다는 사실을 "중국이 자신을 엿 먹인 것(아예 'fuck you'라는 비속어를 쓰고 있다)"이라며 노골적으로 비판하고 있다.[37]

힘이 부쩍 증강된 중국이 미국에게 더욱 빈번하게 도전하고 있다는 사실은 국제정치상 전혀 이상한 일이 아니다. 힘이 증강된 중국이 오로지 평화만을 이야기하고 점잖게 행동한다면 그것이 오히려 비정상이다. 미국은 물론 일본을 비롯한 중국 주변의 다른 나라들 중에 중국의 힘의 부상에 대해 아무런 조치도 취하지 않은 채 방관하고 있을 나라는 없으리라는 사실 역시 국제정치의 기본적 이치가 아닐 수 없다.

# 2장

## 미국의 대 아시아 정책
### - 중국의 부상에 대한 반응

중국의 국력 부상이 국제정치적인 진공 속에서 이루어지는 일은 아니다. 중국의 부상은 현존하는 미국 패권체제 속에서 이루어지고 있는 일이며, 중국의 국력 증강은 자연스레 미국이 주도하는 패권체제에 도전을 야기할 수밖에 없다. 힘의 논리에 의해 지배되는 국제정치에서 다른 나라의 국력이 자신을 앞서게 되는 것을 즐겁게 보고만 있을 나라는 아무도 없다. 더욱이 미국과 같은 강대국이 이를 방관할 리가 없다. 그렇다면 패권국 미국은 중국의 국력 증강에 어떻게 대응하고 있는가?

## 패권국 미국의 대전략

특정 지역이나 국가를 향한 미국의 외교 및 군사 정책을 이해하기 위해서는 미국의 국가전략에 대한 이해가 선행되어야 한다. 미국의 전략 목표는 "미국의 국토를 보호하고, 미국 시민들을 풍요롭게 살 수 있도록 하며, 미국에게 유리한 세계 질서를 형성하며, 해외에 자유와 미국의 가치를 증진시키는 것"이다.[38] 이 같은 목표들을 달성하기 위해 미국은 영토를 팽창하고 시장을 확대하며 군사동맹을 체결하고 전쟁을 벌이는가 하면 설득과 타협, 양보와 강압 등 다양한 외교 정책을 구사한다.

미국은 대전략(大戰略, Grand Strategy) 측면에서 대성공한 나라다. 1776년 약소국으로 출발했던 나라가 200년도 되기 전 세계 1위의 지위에 올랐고 1990년에는 자타가 공인하는 명실상부한 패권국의 지위를 성취했기 때문이다. 패권국이 된 미국의 대전략 목표는 힘들여 쟁취한 패권적 지위를 가능한 한 오랫동안 유지하는 것이다. 즉 미국의 대전략은 패권적 지위로부터 도출되는 '전략적 우위 상황(strategic advantage)을 지속적으로 유지하는 것'이다.[39]

미국의 목표는 '무엇을 성취하겠다.'가 아니라 '남이 무엇을 하지 못하도록 하는 데' 초점이 맞추어져 있다.[40]이런 점에서 특이하다. 이미 최고를 성취한 미국의 전략은 자기가 무엇을 더 성취하는 것이 아니라 다른 나라들이 무엇을 하지 못하게 '방해'하는 데 있다. 국제 체제에서 제일 막강한 나라는 언제라도 가장 미운 나라로 인식될 수밖에 없는 구조적 이유가 여기 있는 것이다.

2등부터 그 아래 순위에 있는 모든 다른 나라들은 어떻게 해서라도 자신의 지위를 향상시키려고 노력한다. 그들의 목표는 본질적으로 '현상의 파괴' 혹은 '타파'를 통해서만 이룩될 수 있다. 패권에 근접할 수 있는 지위에 도달했다고 느끼는 강대국들은 자신이 패권국이 되는 날을 앞당기기 위해, 현재의 국제 정치 질서를 더욱 빠르게 '변화'시키려 노력할 것이다. 미국의 패권에 도전하는 현상 타파적 성격의 중국과 중국의 패권 도전을 방해하려는 미국의 현상 유지적 전략은 이미 충돌하기 시작한 것으로 보인다.

## 미국의 전통적 국가 대전략

미국인들이 좋아하는 세계지도는 남북 아메리카 대륙이 한가운데 놓여 있고 왼편에는 태평양과 아시아 대륙, 오른편으로는 대서양과 유럽 대륙이 존재하는 모습의 지도다. 미국은 자신을 태평양과 대서양을 양쪽에 두고 가운데에 고립되어 있는 나라로 인식한다. 이러한 세계 지도로부터 미국인의 전통적인 국가 대전략이 나온다.

미국은 이미 오랫동안 아메리카 대륙을 완전히 장악한 패권국이었기 때문에 남북아메리카에서의 도전은 없는 것으로 간주한다. 캐나다, 멕시코 혹은 브라질이 미국을 위협할 가능성은 없다. 미국의 전략가들은 미국에 대한 심각한 도전은 오로지 유럽 혹은 아시아의 강대국으로부터 나온다고 본다. 보통 강대국이 아니라 유럽 혹은 아시아에서 패권을 장악할 정도의 막강한 강대국이라야 태평양 혹은 대서양을 건너 미국을 위협할 수 있을 것이다. 이같은 관점에서 미국의 대전략이 도출된다. 미국의 대전략은 '유럽과 아시아 대륙에서 대륙 전체를 장악할 수 있을 정도의 강대국이 출현하는 것을 금지'하는 것이다. 즉 '유럽 혹은 아시아에서의 패권국 출현 금지'가 미국의 대전략 목표다.

유럽 혹은 아시아에서의 패권국이 출현하면 안 된다는 전략은 대단히 투박하고 거친 전략이라고 볼 수 있다. 미국은 이 거친 목표를 멋있는 말로 바꾸어 표현한다. 미국의 세계전략 목표는 '유럽과 아시아에서 세력 균형을 유지하는 것'이라고 말이다.

제1차 세계대전 및 제2차 세계대전 당시 미국은 '독일'이 유럽에서 패권국이 되려는 것을 저지하려 했다. 독일이 제1차 세계대전을 도

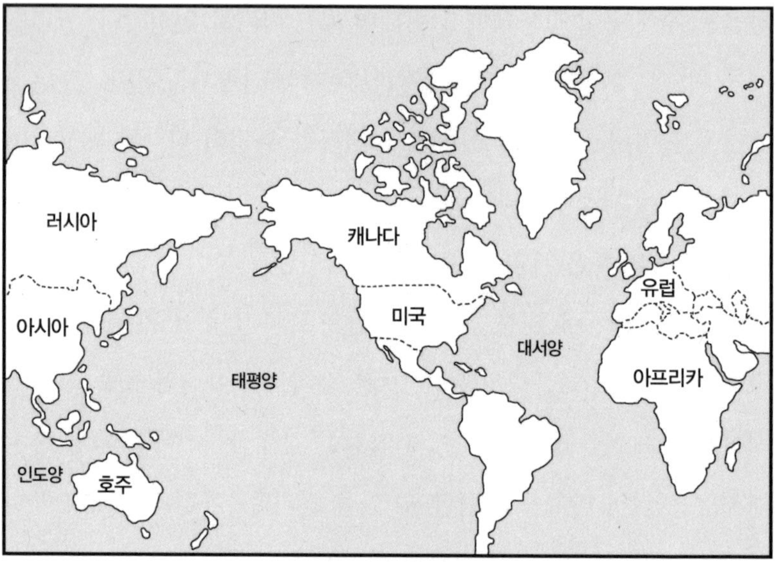


**미국이 인식하는 세계**[41]

발한 1914년, 미국은 유럽의 전쟁에서 중립을 유지하려 했었다. 미국은 유럽 전체를 지배하는 국가가 누구인가에 대해서는 문제 삼지 않는다. 누구와 관계없이 오로지 유럽 전체를 지배하는 국가가 나오지 말아야 한다는 것을 목표로 삼을 뿐이다. 그 나라가 독일이어서도 안 되고 소련이어서도 안 된다. 영국, 프랑스라도 곤란하다.

제1차 세계대전 당시 미국은 전황을 관망하다가 독일 쪽으로 균형추가 기울자 연합국의 편을 들어 참전했다. 결국 독일은 패배했고 균형이 유지되었다. 미국은 독일이 유럽 패권국이 되는 것을 저지한 것이다. 제2차 세계대전 당시에도 마찬가지 논리가 적용되었다. 유럽을 통일한 히틀러 대제국의 출현은 미국의 대전략에 정면 배치되는 것이었다. 미국은 또 다시 연합국 편에 서서 독일의 유럽 장악을 저지하고 유럽에서의 균형을 유지시켰다.

제2차 세계대전 이후 유럽의 패권이 소련으로 넘어가는 것 같은 상황에서 미국은 독일을 다시 부흥시켜 NATO에 편입시킴으로써 미국의 세력권에 포함시켰다. 소련이 유럽에서의 패권국이 되는 것을 막기 위한 방편이었다.

아시아의 경우도 마찬가지였다. 일본이 아시아 전체를 장악하려던 시도가 태평양 전쟁이었다. 미국은 일본의 아시아 패권 장악을 저지하기 위해 중국과 소련을 지원했다. 미국은 궁극적으로 일본을 패망시켜 태평양 전쟁을 종식시켰다. 제2차 세계대전 이후 냉전이 시작되자 미국은 아시아의 공산주의가 아시아 전체를 장악할 것이라는 예감이 들었다. 미국은 곧바로 일본을 부흥시켜 공산주의에 대항하는 세력으로 만들어 놓았다. 한국전쟁과 한국전쟁 직후 미국의 아시아 정책은 한국과의 군사동맹은 물론 일본의 경제력을 통해, 아시아에서의 세력 균형을 유지하는 것이었다.

이 같은 미국의 대전략은 무엇보다도 탁월한 유연성을 전제로 한다. 어떤 국가라도 미국의 친구가 될 수 있고 또 적이 될 수 있다. 유럽 혹은 아시아 전체를 장악하려는 강대국은 누구라도 미국의 적으로 간주된다. 유럽 및 아시아에서 패권을 추구하는 나라에 대항하는 나라들은 일단 미국의 친구가 될 수 있다. 결국 아시아 및 유럽에서 패권을 추구하는, 현재 힘이 제일 막강한 나라가 항상 미국의 잠재적인 적국이 되며 그 나라에 대항하는, 약간 힘이 처지는 나라(들)이 미국의 자연스런 동맹국이 되는 것이다. 2010년대인 현재 미국은 중국이 아시아의 패권국이 됨은 물론 세계적인 패권국이 되려는 것을 저지하고자 하며 중국의 힘에 맞서는 일본, 인도, 베트남, 호주를 적극 지원하게 될 것이다.

## 미국은 중국의 패권 도전을 결코 허락하지 않는다

소련과 패권 경쟁을 벌이던 냉전 후반기 소련이 쇠락하는 상황에서 미국의 식자들은 물론 세계의 수많은 사람들이 일본을 미국을 이을 차세대 세계 패권국으로 간주한 적이 있었다. 지금은 정말 황당한 거짓말이 되어 버렸지만 일본이 차세대 패권국이 되리라는 주장은 예일 대학의 폴 케네디(Paul Kennedy), 하버드 대학의 에즈라 보겔(Ezra

Vogel) 등 세계 최고의 권위를 가진 학자들이 자신 있게 예언했던 국제정치의 미래였다.[42] 최고급 학술 서적임에도 불구하고 미국의 독서계에서 베스트셀러가 되었던 폴 케네디 교수의『강대국의 흥망』제1판 표지 그림을 보면 영국은 저 아래로 내려갔고 미국은 내려갈 준비를 하고 있으며 일본이 세계 정상의 자리로 막 올라가려는 참이다.

지금 일본을 미국에 대한 패권 도전국이라고 보는 사람은 거의 없다.[43] 일본이 스스로 망한 것인지 미국의 보이지 않는 힘이 작동했던 것인지를 생각해 보자. 많은 사람들이 '미국이 중국을 경제적으로 키워 줬다.'고 말하고 있는데, 일본이 미국의 패권에 도전하는 것은 중국의 힘을 키움으로서 자연스레 막을 수 있다는 것이 국제정치의 힘의 논리가 아니었겠는가?

브레진스키 교수가 "유럽이 미국과 경쟁하기 위해서는 우선 정치적으로 통일을 이룩해야 한다."는 말로 일축해 버린 적이 있었지만 한때는 유럽이 미국 패권에 대한 도전자가 될 것이라는 황당한 얘기가 유행했던 적도 있었다. 소련도, 유럽도, 일본도 이제는 모두 미국 패권에 대한 도전국 후보 자리에서 탈락했다. 마지막으로 남은 것이 중국의 도전이다. 아주 최근 중국의 부상에 대한 회의론이 서서히 부각되기 시작하자 브라질, 인도를 미국에 대한 도전자라고 보는 견해조차 나타나기도 했다.[44]

아무튼 현재 미국의 패권에 대해 가장 널리 알려진 도전국은 중국이다. 중국의 인구, 영토 규모는 미국과 21세기 세계 패권의 자리를 놓고 경쟁하기 충분하다.[45]

그러나 미국은 이미 오래전부터 중국으로부터 야기되는 도전을 심각하게 생각하고 이에 대처해 왔다. 그 증거로서 2000년 이후 미국 국회는 국방부로 하여금 매년 중국의 군사력에 관한 보고서를 작성하여 보고하라고 지시했다.[46] 미국의 수많은 전문가들은 논문과 저술을 통해 미국 패권에 대한 차세대 도전국을 중국이라고 간주하고 이에 대처할 것을 주문해 왔다. 미국 사람들은 중국의 미래에 관한 온갖 시나리오를 만들어 내었다. 중국이 미국을 앞설 것이라는 예측도, 중국은 결코 미국을 앞설 수 없다는 예측도, 그 대부분은 미국사람들이 만들어 낸 지적(知的) 생산물이다.

미국의 전략을 불분명하고 모호하다고 보는 사람들이 있지만 미국의 전략은 그 어느 나라보다 분명하고 일관성이 있는 것이다. 미국은 패권을 위해 20세기 후반 내내 소련과 대결했던 나라다. 50년의 투쟁 결과 획득한 패권을 누구에게도 내줄 리 없다. 미어세이머 교수는 중국에 대해 미국은 어떤 입장을 취할 것이냐를 공격적 현실주의의 시각에서 명쾌하게 정리하고 있다.

"특히 그간의 놀라운 경제성장을 앞으로 수십 년 동안 지속하게 될 경우 중국은 막강한 군사력을 갖추게 될 것이며, 마치 미국이 서반구를 지배하는 것처럼 아시아 대륙에서 패권적 지위를 추구하게 될 것입니다. 중국이 패권(霸權)을 추구하는 것은 중국 문화가 본질적으로 공격적이라든가, 중국의 지도자들이 잘못된 길로 인도되었기 때문이 아닙니다. 중국이 패권을 추구하는 것은 그것이 국가의 생존을 위해 가장 좋은 보장 장치이기 때문입니다. (중략) 물론 미국은 중국이 아시아에서의 패권국(霸權國)이 되는 것을 저지하려 할 것입니다. 미국은 세계무대에서 미국에 근접한 도전국의 존재를 용인하지 않기 때문입니다. 결국 중국과 미국 사이에는 냉전 당시 미국과 소련의 관계와 유사한 심각한 안보경쟁이 야기될 것입니다."[47]

미국이 중국의 도전을 제어하기 위한 구체적인 방안은 아시아에서의 세력균형을 유지하는 것이다. 개념 없는 사람들이 '아시아의 시대' '아시아의 부상'을 말하고 있지만 아시아는 결코 '하나'가 될 수 없는 곳이다. 상호 간 사이가 극도로 나쁜 일본, 중국, 인도, 한국 등을 어떻게 '하나의 아시아'로 상정할 수 있는가?

미국은 이미 아시아가 하나로 통합될 수 없는 불행한 국제정치의 역사를 가지고 있다는 사실을 잘 알고 있을 뿐 아니라 이를 적극 활용하고 있다. 미국은 일본, 인도, 중국을 아시아의 3대 강국으로 간주하고 있으며 이 세 나라가 하나로 뭉치는 일만 저지할 수 있다면, 미국이 아시아에서 패권적 지위를 유지하는 일은 그다지 어려운 일이 아닐 것이라고 판단하고 있다.[48] 중국, 일본, 인도의 지정학은 이들 나라들이 역사적인 구원(舊怨) 관계에서 벗어나기 힘들게 만들고 있으며 미국의 대 아시아 전략은 이를 잘 활용하는 것이다.

미국은 이미 인도를 미국의 대중국 견제 정책에 적극적으로 동참하는 전략적 동맹국으로 만들어 놓았다. 인도는 최근 중국을 타격하기 위한 군단급 부대를 창설하는가 하면 항공모함을 증강시키는 등 해군력 강화를 통해 인도양에서 중국 세력을 견제하고 있다.

동남아에서 미국에 적극적인 전략적 동반자가 되고 있는 나라 중 하나가 미국과 전쟁을 치렀던 베트남이다. 지난 1,000년 동안 중국의 압제 속에서 살아왔지만 단 한 번도 독립을 추구하려는 운동을 멈춘 적이 없었던 강인한 민족국가 베트남이 중국의 부상에 대처하기 위해 미국 해군에게 기지마저 제공할 정도가 되었다.[49]

일본 역시 지금 노골적으로 미국의 힘을 빌려 중국의 국력 증강에 대처하고 있는 중이다. 다음에 분석하겠지만 일본은 미국의 중국 견제 정책에 편승, 적극적인 우경화 정책마저 전개할 수 있는 상황이 되었다. 일본은 언제라도 중국과 맞장 뜰 수 있다는 입장을 견지함으로써 미국의 충성스런 파트너임을 과시하고 있다. 필리핀, 호주 역시 급부상한 중국이 두려운 나머지 미국과의 동맹을 더욱 적극적으로 재가동시키려 한다.

## 본격적으로 가동되기 시작한 미국의 아시아 재균형 전략

패권적 지위(Pax Americana)를 유지하는 것이 대전략 목표인 미국은 중국을 견제하기 위해 본격적인 군사 및 외교정책을 강구하기 시작했다. 반테러전쟁에서 승기를 잡았다고 판단하는 미국은 2011년을 기점으로 아시아 중시 정책을 구체화시키기 시작했다. 테러리즘과 중국의 도전을 21세기 미국 대전략의 대상으로 상정했던 미국은 2000년대의 처음 10년은 테러리즘을 격파하는 데 보다 큰 노력을 집중했다. 그동안 미국은 후세인, 오사마 빈 라덴, 카다피 등을 차례로 제거함으로써 이슬람 대제국의 건설을 목표로 하는 잠재적 패권 도전 세력의 기(氣)를 꺾어 놓는 데 성공했다.

미국은 2011년 이후 대전략의 초점을 급속히 아시아로 옮기고 있으며 이를 공개적으로 천명했다. 아시아에 세계의 부(富)가 집중되고 있으며, 동시에 미국에 대한 도전세력인 중국이 존재한다는 사실, 그리고 중국의 급부상으로 인해 아시아에서 힘의 균형이 깨지고 있다는 사실 등은 미국 외교정책의 지향 방향을 아시아로 회귀(回歸)하게 만드는 기본적 요인이다. 힐러리 장관이 구체적으로 사용한 용어인 '아시아로의 회귀(Pivot to Asia)', 중국에 의해 깨어진 '아시아의 균형 재회복(Rebalancing Asia)' 등은 미국의 아시아 정책을 한마디로 요약하고 있다.

2011년 11월 클린턴 미국 국무장관은 21세기를 '미국의 태평양 세기(America's Pacific Century)'라고 규정한 후, "21세기의 지정학은 아시아에서 결정된다. 아프간이나 이라크에서가 아니다. 미국은 그러한 행동이 이루어질 아시아 한복판에 가 있어야 할 것이다(The future of geopolitics will be decided in Asia, not Afghanistan or Iraq, and the United States should be right at the center of the action)."라고 선언했다.[50]

2012년 1월 5일 미국 국방부는 클린턴 장관의 선언을 군사적으로 뒷받침하는 군사전략을 발표한다. 한국에서는 그 진정한 의미가 희석된 '신 국방전략지침'으로 알려졌지만 보고서의 원 제목은 'Sustaining US Global Leadership: Priorities for 21st Century Defense', 즉 '미국의 패권 유지: 21세기를 위한 국방의 우선순위'였음은 이미 지적한 대로다. 패권(Hegemony)이라는 용어에 부정적 입장을 취하는 미국은 패권보다 리더십(Leadership)이란 용어를 좋아한다.

이 보고서에서 미국은 중국의 도전에 군사적으로 대처할 것을 노골적으로 천명한다. 미국 군사력의 향후 역할을 규정한 부분에서 "미국은 접근금지 및 지역거부라는 도전에도 불구하고, 군사력을 투사할 것이다(Project Power Despite Anti-Access/Area Denial Challenge)."라고 명기했다.

중국은 중국의 동쪽 해안 지역인 서태평양 지역에서 대단히 공세적인 전략을 구사하고 있으며 이에 부응하는 해군력 건설에도 매진하고 있다. 미국은 새로운 전략 보고서에서 중국의 A2/AD(접근금지/지역거부) 도전에 적극 대응할 것을 분명히 밝히는 한편, 새로 건조되는 각종 최신예 군함들을 적극적으로 서태평양 지역에 배치할 계획이며, 유럽 해역에 주둔했던 항공모함을 태평양 지역으로 증파하는 조치를 취하기 시작했다. 앞으로 미국 항모 전단 10개 중 6개가 아시아 태평양 지역에 배치될 것이다.

바다를 지구의 공유지로 간주하고 자유 통행의 원칙을 미국 패권의 핵심 축으로 간주하는 미국은 서태평양 전체를 포함하는 선을 그어놓고서, 이 선 안에서 항해하는 적대국의 선박 통행을 제한하겠다는 중국의 발상을 도저히 방관할 수 없을 것이다. 2013년 11월 23일 중국이 동지나해 상공에 방공식별구역을 일방적으로 선포한 지 3일 만에 미국은 B-52 중폭격기 두 대를 중국이 설정한 방공식별 구역에 투입하는 강경 조치를 취했다. 중국의 도발에 미국은 무력으로 반응 할 것임을 분명히 한 것이다.

3장

# 일본의 대응

## 몰락하는 일본

중국 홀로 아시아의 패권국이었던 옛날, 아시아의 국제정치는 평온했었다. 중국의 힘에 압도당한 주변 국가들은 감히 중국에 맞서기보다는 중국이 설정한 국제질서에 순응하며 살았다. 중국 주변의 아시아 국가들은 중국의 복속 요구를 들어주는 대신 일정한 수준의 자치권을 보장받아 사는 것을, 중국에 맞서다 죽는 것보다 훨씬 더 나은 일이라 생각했다. 일본도 한때는 중국에 조공을 바치며 살았던 속국 처지의 나라였다.

그러나 중국식 국제질서의 핵심으로부터 지리적으로 멀리 떨어져 있던 섬나라 일본은 서양문물을 일찍이 받아들여 부국강병에 성공했고 16세기 이래 중국과 라이벌 관계를 유지해 왔었다. 19세기 말엽에는 청나라를 격파(청일전쟁, 1895)하고 19세기 초반 러시아마저 격파(러일전쟁, 1904~1905)한 후 아시아의 패권국으로 등장했었다.

아시아의 패권국이 된 후 일본은 보다 노골적으로 주변국을 무력 공격해서 점령하기 시작했고, 결국 미국마저 공격, 태평양 지역 전체의 패권국이 되려 했었다. 미국에게 처참하게 패배당했지만 일본은 냉전이라는 국제구조에 편승, 다시 최소한 반쪽짜리 강대국으로 부활할 수 있었다. 경제력은 대단했지만 군사력에서는 한계가 있었기 때문에 반쪽짜리 강대국이라고 말하는 것이다. 미국은 전범국가 일본이 군사력까지 강해지는 것은 허락하지 않았다.

한때 미국을 뒤이을 패권 도전국으로 지목되던 일본은 1990년대부터 2010년에 이르는 20년 동안 최악의 경제침체를 겪었고 '일본의 미래는 있는가?'에 대해 고민해야 할 상황에 이르렀다. 미국의 상대이기는커녕, 중국은 물론 한국의 도전에도 전전긍긍해야 할 처지로 전락한 것이다. 2010년 초반의 일본은 경제력에서 중국에 밀렸고, 해군력을 제외한 종합 군사력은 중국과 비교할 수 없는 허약한 처지가 되었다. 2000년대 10년 동안 일본의 국방비는 계속 감소세를 보이다가 결국 2012년 일본의 국방비는 중국의 3분의 1 수준으로 약해졌다. 미국의 한 전문가는 "일본이 군사적으로 너무나 허약하다는 사실은 미국을 위험에 빠뜨릴지 모를 일"[51]이라고 경고했을 지경이다.

일본의 붕괴는 아시아에서 '힘의 균형'을 유지해야 한다는 미국의 전통적 세계전략에 문제를 야기했다. 우리나라 사람들은 일본의 군사력 증강을 우경화·군국화라며 감정적인 반응을 보이고 있지만 일본의 군사력 강화 및 우경화 움직임은 동아시아 국제정치 구조 변동의 자연스런 산물이다. 즉 일본과 중국 사이에 불균형이 나타났으며 이를 다시 균형 상태로 회복시키기 위한 체제적인(systemic) 현상인 것이다. 일본의 우경화·군사력 증강 시도는 아베 자신만의 의도가 아니라 국제구조의 묵인 혹은 지지를 받는 행동인 것이다.

아베를 망나니처럼 보는 사람이 많지만 한때 일본과 중국의 관계를 대폭 개선했던 인물이 아베였던 사실을 아는 사람은 많지 않다.

다시 말하지만 아베는 2006년 1차 집권 직후 곧 중국을 방문, 중국과의 관계를 개선하는 조치를 취했다. 2007년 4월 일본을 답방한 중국의 원자바오[溫家寶] 총리는 "중일 국교정상화 이후 일본 정부와 지도자(특히 아베 신조 총리)들은 역사문제에 대해 몇 번이나 태도를 명확히 해서 침략을 공식으로 인정하고, 피해자에 대해 깊이 반성한다는 사과를 표명했다. 중국 정부와 인민은 이것을 적극적으로 평가하고 있다."[52]고 말했다.

일본이 과거사에 대해 사과한 적이 없다고 생각하는 사람들은 원자바오 총리의 언급을 다시 읽어 볼 필요가 있다. 2006년 무렵 아베 총리가 당면했던 국제 상황과 2012년 아베 총리가 당면한 국제정치 상황이 판이하게 다르다는 데에서 아베의 정책이 변한 원인을 찾아야 한다.

국가들의 외교정책을 변화시키는 더욱 중요한 요인은 국제구조 혹은 국제체제의 속성이다. 6~7년 전 만해도 일본과 중국은 아시아의 라이벌로서 종합국력의 측면에서 전반적인 균형(Balance of Power)을 유지하고 있었다. 아베가 1차 집권했던 2006년, 일본의 GDP와 군사비는 중국을 오히려 앞서고 있었다. 그때는 아베가 지금과 같은 우경화 정책을 쓸 이유도 필요성도 가능성도 전혀 없었다.[53] 그러나 아베가 재집권한 2012년의 일본은 힘을 다시 회복해서 중국과 균형을 이룩할 것이냐 혹은 희망 없는 국가로 침잠(沈潛)해 버릴 것이냐를 선택해야 할 상황이었다. 마침 미국의 동아시아 회귀 전략에 편승 할 수 있는 상황을 맞이한 일본은 본격적으로 부국강병책(富國强兵策)을 다시 가동시키기 시작한 것이다.

## 일본의 본격적 우경화

아베의 우경화 정책은 일단 일본 국민들과 세계 여론의 지지를 받고 있다. 미국은 일본의 우경화를 무한정 허락하지는 않을 것이지만 지금 당장은 아시아의 균형 회복이 시급하다고 판단한다. 아베 정권은 2013년 7월의 의원 선거에서 압승, 앞으로 몇 년간 우파적인 정책을 구현할 수 있는 조건을 마련하는 데 성공했고 약소하나마 국방비를 증액시키기 시작했다. 냉전 종식 이후 1990년대 수년간 군사비가 빠른 속도로 증액된 바 있었지만, 일본의 군사비는 대체로 GDP의 1% 이하를 유지하고 있었다. 중국의 군사비가 매년 두 자리 숫자로 증액되는 지난 10여 년 동안, 일본의 군사비는 오히려 줄어들고 있는 상황이었다.[54]

일본의 군사비는 2013년, 11년 만에 처음으로 0.8% 정도 늘어났고 2014년 국방예산은 2013년에 비해 2.8% 증액되었다. 중국의 국방비는 2013년, 정부 발표를 기준으로 할 때 2012년에 비해 11.5% 증액되었고 2014년에는 전년에 비해 12.2%가 증액되었다.

일본의 우경화는 한국 사람들이 생각하는 바와는 달리 중국을 제외하면 대체로 세계의 우호적 평가 아래 이루어지고 있는 일이다. 「이코노미스트」지는 2013년 5월 18일자 일본 특집호에서 일본의 부상을 대단히 '긍정적'으로 평가하고 있다. "자위대를 다른 모든 나라들처럼 상비군으로 전환시킨 애국적 일본은 동북 아시아의 안전보장에 도움이 될 것이다(A patriotic Japan that had converted its "self- defence forces" into a standing army just like any other country's would add to the security of North-East Asia)."라고 말하고 있을 정도다.[55]

우리는 일본이 '우경화'되고 있다고 말하지만 「이코노미스트」는 일본이 '애국적(Patriotic)'으로 변하고 있다고 말한다. 우리는 일본의 군사력 증강을 동아시아 안보 구조가 심각하게 훼손될 일이라고 보지만 세계는 일본의 군사력 강화를 아시아의 안정에 오히려 도움이 될 좋은 일이 될 것이라고 말한다.

지금 세계가 가장 심각하게 우려하는 바는 일본의 우경화가 아니라 중국이 너무나 급속하게 군사력을 증강시키고 있다는 사실이다. 아시아에서 '힘의 균형 유지'를 국가 대전략의 기초로 삼고 있는 미국은 다시 일본을 파트너로 불러내고 있는 중이다. 미국은 일본 자위대와 함께 미국 캘리포니아에서 상륙작전 훈련을 실시한 적도 있었다.[56] 상륙전 연습은 일본이 보유하고 있지도 않은 해병대 훈련이다. 미국이 일본 자위대에게 상륙작전을 훈련시켜야 할 정도로 상황이 변한 것이다.

2013년 10월 3일, 미국과 일본의 국무장관과 국방장관은 동경에서 미일 동맹을 한층 격상시키는 데 합의하고 선언문을 발표했다. 그동안 일본군은 동맹국임에도 불구하고 미국군과 함께 전투를 벌일 수는 없는 군대였다. 문자 그대로 일본군은 전투하는 미군에게 탄약이나 날라다 줘야 할 뿐, 총을 쏠 수는 없는 군대였다. 침략국이라는 원죄 때문에 미국은 일본을 전쟁할 수 없는 나라로 만들어 놓았고, 일본의 군사력 역시 자위 수준의 역할만을 담당하도록 제한했던 것이다.

그러던 미국이 이제 적어도 미국이 싸우는 곳에서 일본군도 함께 '전투'할 수 있는 권리를 허락한 것이다. 일본군은 혼자서는 다른 나라를 공격할 수 없을지라도 미국이 싸우는 적을 향해 총을 쏠 수 있는 권리를 획득했으며 정상적인 군대를 향해 한 발짝 더 전진한 것이다. 일본이 미국과 '집단적 방위' 조치를 취할 수 있게 되었다는 사실은 한국과 중국에서 극도의 부정적인 반응을 불러일으키고 있지만 세계에서 일본의 집단자위권 행사를 반대하는 나라는 사실상 한국과 중국 두 나라밖에 남지 않았다는 현실을 무시할 수 없다. 세계는 민주주의 국가인 일본이 아니라 아직도 공산당의 일당 독재정치 체제가 유지되고 있는 막강한 중국을 두려워하고 있는 것이다.

## 일본 우경화의 파장과 한계

그럼에도 불구하고 일본으로부터 잔악한 침략의 역사를 경험한 한국은 일본의 군사력 증강, 우경화에 대단히 예민하게 반응하지 않을 수 없다. 결국 일본에 대한 한국의 격한 반응은 한미일 3각 동맹 구조에 문제를 야기하는 수준에 이르렀다. 미국의 대아시아 정책은 한미일 3국의 긴밀한 동맹이 유지되어야 성공할 수 있는데 한일 간 갈등이 야기되고 있는 것이다.

우선 미국은 북한의 핵문제를 해결해야 하는데 한국과 일본이 갈등 상황에 있다는 사실은 북핵 해결에 전혀 좋지 않은 일이라고 인식한다. 또한 미국은 중국의 부상에 대처해야 하는데 미국의 동맹국들인 한국과 일본이 다툰다는 것 역시 좋은 일이 아닐 것이다.

그래서 미국도 딜레마의 상황이 아닐 수 없다. 미국은 중국의 부상에 대비, 일본 군사력을 증강시켜야 하는데 일본 군사력의 증강은 또 다른 동맹국 한국의 반대에 봉착하고 있기 때문이다.

2013년 12월 26일 아베 총리는 야스쿠니신사 참배를 단행했다. 미국의 반응을 떠 보기 위한 행동이었을 것이다. 한국과 중국은 당연히 아베의 행동에 격렬하게 반응했다. 아베도 물론 예상했을 일이다. 문제는 미국의 반응인데 미국 역시 아베의 행동에 대해 외교적인 언급으로는 가장 강력한 수준인 '실망했다(disappointed).'는 표현을 사용, 아베의 행동을 비판했다.[57]

본격적으로 아시아에 개입한 19세기 이후, 미국이 전통적으로 두려워했던 아시아 국가는 중국이 아니라 일본이었다. 그러나 오늘 중국의 힘이 일본을 압도하는 바람에 미국은 일본을 지지하고 있지만 거기에는 한계가 있다. 미국은 중국의 힘을 견제하기에 적당한 수준까지 일본의 힘이 늘어야 한다고 보지만 그 이상은 아니다. 20세기 초반 일본이 아시아의 패자(覇者)가 되었을 때, 일본은 미국을 공격했던 나라이며 미국은 그 역사적 교훈을 잘 알고 있다.

많은 사람들이 중국이 아시아 제일의 강대국이 될 것이라는 사실을 의심하지 않지만 미국의 최고급 전략이론가들 중에는 궁극적으로는 일본이 더 막강한 나라가 될 것이며, 미국이 더 염려해야 할 나라는 결국 일본일 것이라고 예상하는 사람들도 있다.[58]

미국은 현재 일본보다는 훨씬 강한 일본을 필요로 한다. 그래야 중국의 도전을 막을 수 있기 때문이다. 그러나 일본이 한국과 중국을 위협할 정도로 막강해지는 것은 안 된다. 막강해진 일본은 오히려 미국을 위협하는 세력이 될 수 있기 때문이다. 그러나 미국이 일본의 힘의 증강을 어느 정도까지 허락해야 하는가는 쉽지 않은 문제다. 자신감을 얻은 일본은 미국의 도움이 필요하지 않을 것이며 스스로 아시아의 패자가 되고자 노력할 것이기 때문이다. 강대국 중에서 패자가 되기를 원치 않는 나라가 어디 있겠는가?

미국은 아베정권의 정책을 지지하면서도 그 한계를 설정하지 않을 수 없다. 그래서 아베가 야스쿠니 신사를 방문한 이후 미국이 이를 어찌해야 할까 번민하고 있는 것이다. 일본도 중국 못지않게 미국 패권의 도전국이 될 수 있는 강대국이기 때문이다.

4장

# 북한 변수

## 북한은 아직도 대한민국 최대의 위협 요인

북한은 대한민국의 국가안보 최대의 변수이지만, 격변하는 동북아시아에서 북한변수는 과거보다 작아졌다는 것이 현실이다. 냉전 당시 북한의 행동은 공산권의 행동을 대변하는 막강한 영향력을 가지는 것이었지만 홀로 남은 공산 독재정권 북한은 자유주의적 자본주의로 통합된 세계에 '전략적 위협'을 가할 수는 없는 변수다.

물론 북한은 이같이 별볼일없게 된 상황을 타파하기 위해 핵 개발이라는 강수를 두었지만 유일한 동맹국 중국마저 소원(疎遠)케 만드는 결과를 초래했다. 북한은 세계 정치에서는 물론 동북아 국제구조

속에서도 상대적으로 영향력이 줄어든 변수가 되어 버렸다.

그러나 이런 상황을 북한이 한국에게도 별 볼일 없는 존재가 되었다고 착각하면 안 된다. 특히 북한의 핵은 한반도 게임의 결과를 바꾸어 놓을 수 있는 결정적 변수가 될 수도 있다. 최근 우리는 갑자기 '통일'을 대대적으로 논하기 시작했지만 통일은 그렇게 간단한 일이 아니며 우리가 원하는 방향으로 저절로 이루어질 일도 아니다.

남북한 간 대결은 한 분야, 즉 군사 안보 분야를 제외하면 이미 오래전 한국의 압승으로 끝났다. 경제, 정치, 문화, 학문, 체육, 예술 등 어떤 분야에서도 대한민국은 북한을 압도했다. 그러나 군사력에서는 대한민국이 북한을 압도하지 못했다. 그래서 아직도 남북 대결 게임을 끝내지 못하고 있을 뿐 아니라, 불안에 떨며 때로 전전긍긍하고 있는 상황인 것이다. 북한이 도발하거나 도발 위협을 해 올 때마다 한국 국민과 사회는 분열되었고 전쟁 발발의 공포에 불안해했다.

모든 분야에서의 승리가 '군사 안보 분야' 하나 때문에 발목 잡히고 있는 것이다. 만약 북한이 완성된 핵무기 체계를 갖추는 날, 즉 대한민국의 어느 곳도 공격 가능한 핵무기와 미사일 체계를 완비, 핵무기를 전쟁에 직접 사용할 수 있는 능력을 갖추게 되는 날, 한반도의 게임은 다시 원점으로 돌아가거나 북한에게 유리한 상황으로 급반전되고 말 것이다.

핵무기 체계를 완비한 북한은 온갖 종류의 대남 전략을 마음껏 구사할 것이며 북한 핵무기의 인질이 된 대한민국은 북한에게 쩔쩔매지 않을 수 없을 것이다. 그럴 리가 있냐며 의심하는 사람들이 있을 것이다. 한 가지 시나리오를 생각해 보자.

미래 어느 날 북한이 대한민국 어느 곳이라도 공격 가능한 핵무기 체계를 갖추었다고 가정하자. 그러나 경제적으로 어려운 북한이 한국에게 경제적 지원을 요구했다가 거부당하는 상황이 되었다고 가정하자. 그리고 분노한 북한이 천안함 사건 혹은 연평도 포격 사건에 준하는 도발을 감행했다고 가정하자.

이때 대한민국은 어떻게 행동할 것인가? 2010년에는 울분을 억누르며 참았던 연평도, 천안함에 대해 보복할 기회라고 생각할까? 북한을 혼내 주겠다고 결심할 수 있을까?

2010년 북한이 아직 완성된 핵무기체계를 갖추기 이전에조차 우리는 확전가능성이 두려워서 보복을 자제할 수밖에 없었다. 그런데 핵무기 체계를 완성한 북한과 일전을 불사하겠다는 것이 가능한 일일까? 그런 상황이 정말 닥쳐온다면, 대한민국의 보통 시민들은 물론, 대북 강경론자들마저도 '민족의 파멸'이라는 극도의 위험을 각오해야 하는 강경 대응을 주문할 수는 없을 것이다.

북한이 핵을 보유하려는 진정한 의도는 핵으로 대한민국을 파멸시켜버리겠다는 데 있는 것이 아니다. 핵을 가진 북한은 대한민국을 단순히 겁주기만 해도 원하는 것을 얻을 수 있으며, 북한이 얻으려는 최대의 것은 대한민국을 자신이 원하는 방식으로 통일하는 것이다. 북한이 핵무기 체계를 완비할 때까지 시간이 얼마나 남았는지 잘 계산해 보고 대응책을 강구해야 한다.

## 동북아 국제구조 속의 북한 변수

냉전 시대 미국이 북한을 건드리는 일은 마치 소련을 건드리는 것과 마찬가지라는 점에서 북한은 결코 장기판의 졸(卒)이 아니었다. 그래서 북한은 미국의 정보함을 납치하기도 했고 미국의 장교들을 도끼로 찍어 죽이는 오만을 부리기도 했다. 그러나 국제공산주의가 총체적으로 몰락하고 중국마저도 자본주의 국가로 탈바꿈한 세상에서 북한의 영향력은 당연히 줄어들게 되었다. 그러나 국제구조적 변수가 북한에게 100% 완벽하게 불리한 것만은 아니다. 다 무너져가는 북한 정권이지만 1%의 생존 확률도 없다고 보고 방심하면 안 된다는 의미다.

## 중국은 북한을 붕괴시키지 않는다

박근혜 정부 수립 이후 한중관계를 '밀월 관계'라고 표현하는 사람들이 많다. 중국 사람들이 아니라 한국 사람들 중에 그렇게 말하는 경우가 많다. 한중관계를 '밀월'로 표현하는 것이 논리적으로 옳은 말이 되려면 중국과 북한 관계가 먼저 '정리'되어야 한다.

개인사에 비유해 보자. 한중 밀월 관계가 진정한 것이 되려면 중국과 북한은 이혼해야 한다. 오래된 부부 사이에 비유할 수 있는 북중 관계가 이혼으로 정리되지 않는 한, 한중 밀월 관계는 스캔들일 뿐이다.

우리는 중국이 북한의 명줄을 쥐고 있다고 알고 있다. 미국 역시 북한의 핵개발을 막을 수 있는 관건은 중국이 쥐고 있다고 본다. 사실 중국이 북한에 보내 주는 석유와 식량만 일정 기간 중단시킨다면 북한은 정말 붕괴될지도 모른다. 그런데 왜 중국은 그렇게 하지 않고 있는 것일까? 북한이 붕괴되는 것이 중국에게 좋지 않기 때문이다. 중국은 북한이 별로 예쁘지는 않지만 없어져도 안 될 상대로 생각하고 있다.

중국의 네티즌마저 김정은 정권을 비방하는 상황에 이르자 중국의 관영신문 「환구시보(環球時報)」는 '중국과 북한 관계의 본질은 지정학(地政學)'이라고 경고한 바 있었다.[59] 북한이 고우냐 미우냐가 아니라 북한이 가지고 있는 지정학적 요인이 북중관계의 기초라는 것이다. 불변의 국제정치학적 진리를 말한 것이다.

지금 중국이 생각하는 북한의 지정학적 가치는 60여 년 전 인민지원군을 보내 북한을 구원했을 때 중국이 인식했던 북한의 지정학적 가치와 다를 바 없다. 중국은 당시 세계 최강 미국과의 일전을 불사하는 극단적 모험을 선택했었다. 그 정도로 북한은 중국에게 중요한 전략적 자산이다. 세상은 변했을지 몰라도 지정학과 지리학은 변하지 않았다.

마음만 먹으면 북한을 붕괴시킬 수 있는 중국이지만 결코 그렇게 하지 않을 것이다. 우리나라의 대중국 접근에 구조적인 한계가 있음을 알아야 한다. 중국과 북한의 관계가 이미 순탄한 우방 관계가 아니라는 주장은 여러 전문가들이 공개적으로 밝힌 사실이다.[60] 그럼에도 불구하고 중국은 북한을 함부로 다룰 수 없다는 한계가 있는 것이다.

중국이 북한을 믿지 않는 것과 마찬가지로 북한의 정치가들도 중국을 진심어린 우호국이라고 생각하지는 않는다. 자고로 국경을 접하고 있는 나라들이 진정한 우방국이 될 수는 없는 일이다. 특히 중국에 비해 국력이 약한 북한은 중국의 강압적인 태도를 수십 년 동안 참아 왔을 것이다. 2014년 1월 김정은은 북한의 친중 세력을 공개적으로 처단하고 있으며 북중 관계는 한중 관계가 좋아지는 것 이상으로 나빠지고 있다. 중국이 언제까지 북한과의 관계 악화를 방치할 수 있을지 잘 생각해 보아야 한다.

험악한 가정이지만 북한이 중국의 배반에 분노한 나머지 미국 혹은 일본을 통해 살아남는 방법을 강구할 수는 없을까? 국제정치의 영역에서는 가능한 상상이다. 영원한 적도 영원한 친구도 없는 것이 국제정치의 영역이며, 적의 적은 친구가 될 수 있다는 도덕적으로 지극히 불량한 영역이 국제정치의 영역이기에 생각해 보자는 말이다.

## 북한의 통미봉남책

과격한 가정일지 모르지만 만약 중국이 북한을 궤멸시키기로 결심한다면 그때 북한은 혼자 싸우다 죽고 말 것인가 혹은 어떤 국제 세력에게 매달려 살 방법을 강구할 것인가? 북한의 지도층은 미국이야말로 자신들을 살려줄 수 있는 충분한 '능력'을 가지고 있는 나라라고 생각하고 있지 않을까? 우리는 상식적으로 북한이야말로 미국을 철천지원수로 삼고 있는 세계 최악의 반미국가라고 인식하고 있지만, 북한이 지난 수십 년 동안 미국에게 줄기차게 보냈던 신호들은 초지일관 '우리(북한)는 당신네(미국)들과 싸우기 원치 않는다.'는 것이었다.

그래서 북한은 자신이 전쟁을 일으키면 자동적으로 대한민국 편에 서서 한국군과 함께 싸우게 되어 있는 장치를 해체시키는 것을 국가전략의 제1목표로 삼아 왔다. 한강 이남으로 미군을 재배치시키는 것 역시 북한이 미군과 싸우지 않은 채 한국군하고만 싸울 수 있는 공간을 확장하는 일이 될 수 있었다.

북한은 그동안 미국군과의 직접 싸움을 회피하기 위해 한미동맹이 작동하기 어려운 도발만 골라서 해 왔다. 게릴라 침투, 서해 5도 공격 등은 한미동맹이 즉각 작동하기 아주 어려운 분쟁상황들이었다.

미래 어느 날 만약 북한의 핵미사일이 미국의 도시 하나를 충분히 공격할 수 있는 능력을 갖출 수 있게 되는 날이 도래한다면 그날, 북한은 미국의 개입 가능성이 상당히 낮아진 상황에서 한국을 공격할 수 있을 것이다. 미국의 본토가 북한 미사일 공격 위협에 놓일 경우 미국은 북한과의 전면전을 주저하지 않을 수 없을 것이다. 북한이 원하는 것은 미국과 전쟁하는 것이 아니라 미국과는 싸우지 않은 채 한국을 자신이 원하는 방식으로 통일하는 것이다.

미국이 막강한 능력을 가지고 있으면서도 북한을 일격에 제거하지 않는 것 역시 중국이 북한의 명줄을 쥐고 있으면서도 북한을 연명시키는 것과 마찬가지 이유가 아닐까? 비록 현재의 북한은 미국이 도무지 인정할 수 없는 망나니 정권이지만, 그래서 미국이 악의 축이라고 명하기도 했지만, 어느 날 북한의 정권이 교체(Regime Change)되어, 혹은 지금의 북한 정권이 마음을 바꾸게 되어, 미국과 관계를 개선하자고 제의한다면 미국이 이를 마다할 것인가? 카터 대통령 같은 사람은 김일성하고도 충분히 관계를 개선할 수 있다고 믿었다. 그는 오히려 동맹국의 대통령 박정희를 적대시했던 인물이었다.

미래 어느 날 미국이 북한과 관계를 개선하는 날이 도래한다면 미국을 패권 경쟁 상대국으로 삼고 있는 중국은 그야말로 난감한 상황에 빠지지 않을 수 없을 것이다. 미국의 세력이 북한에 진출하는 일이 되는 것이기 때문이다. 황당한 상황이지만 상상해 보지 않을 수 없는 일이다.

우리가 원하는 통일은 '북한을 붕괴시켜야 하겠다는 세력'의 힘이 '북한을 무너지지 않고 버티도록 하는 게 좋다고 생각하는 세력'의 힘을 능가하고 거기에 우리의 비범한 전략이 더해지는 경우 비로소 달성될 수 있는 일이다. 우리가 원하는 한반도의 미래 구상을 파탄

낼 수 있는 세력이 여기저기 지뢰처럼 널려 있다는 사실을 인식하지 않으면 안 된다.

# 3부

## 21세기 한국책략

## 1장

# 19세기 말의 조선과 21세기 초 대한민국

### 19세기 말: 조선은 독립국 건설에 실패했다

일본에 의해 식민지가 되기 이전의 조선은 현대적 의미의 독립국은 아니었다. 조선은 중국의 명나라, 청나라에 조공을 바침으로써 자치권(自治權)을 유지하던 책봉 국가(vassal state)였을 뿐이다. 조선 왕은 중국의 황실에 정기적으로 조공(朝貢)을 바침으로써 왕권의 정통성을 유지하던, 즉 왕의 정통성이 조선의 국민들에 의해서가 아니라 중국의 황제에 의해 보장되던 나라였다. 현대 국제정치학은 중국 중심의 국제질서를 진정한 의미의 국제체제로 인정하지 않는다. 중국을 제외한 체제의 구성 국가들이 독립국가가 아니었다는 이유에서다.[61]

국제체제 (International System)란 독립 국가들로 구성된 세상이다. 한 나라만이 독립국이고 나머지는 그 나라에 종속되는 세계는 모두 제국(Empire) 체제다. 중국의 조선 지배, 일본의 조선 지배 모두 제국적이라는 면에서 대동소이하다.

1910년 조선은 서구식 사상과 문물을 재빨리 받아들여 근대화에 성공한 일본 제국에 합병됨으로써 나라 자체가 소멸되었기 때문에 그나마 유지했던 '책봉국가'의 지위조차 잃어버렸다. 일본의 조선 지배는 중국의 조선 지배처럼 능란하지 못했다. 중국의 지배는 조선 사람의 인식 체제와 세계관까지 지배함으로써 적대감까지 불러일으키지는 않았지만 일본의 지배는 정신적이기보다는 물리력에 의한 지배였다는 점에서 중국의 지배와 달랐다. 중국은 더 오래 지배했으면서도 한국 국민의 대 중국 적대감을 억제할 수 있었던 반면 일본의 35년 통치는 지금까지 이어지는 격한 반일감정의 원천이 되었다.

지금 온 한국 국민은 위안부 강제 동원 사실을 부정하는 일본에 대해 분노하고 있지만 청나라는 병자호란 당시 20만 명이 넘는 조선의 여인들을 중국으로 끌고 갔다. 청나라 이전의 명나라 역시 주기적으로 조선의 여인들을 강제로 징발해 갔고, 딸을 빼앗기지 않으려는 조선의 아버지들은 열 두 살 밖에 되지 않았던 어린 딸들을 시집

보내야 했다.[62] 중국에 끌려가지 않으려고 일부러 얼굴에 흠집을 낸 여인들도 있었다.

오랑캐라며 무시하던 청나라에 복속한 지 200여 년 만에 조선은 청나라를 흠모하는 나라로 바뀌고 말았다. 세계정세에 둔감했던 조선의 국왕이나 정치가들은 국가안보를 위한 대전략을 가지고 있지 않았다. 동학란이 발생했을 때 조선의 국왕은 이를 진압하겠다고 청나라 군대를 불러들였다. 자신이 통치하는 백성을 외국군보다 더 무서워했던 그런 왕이 통치하던 나라가 망하지 않았다면 그것이 오히려 더 이상한 일이었을 것이다.

1894~1895년의 전쟁에서 청나라를 격파한 일본은 청나라와 시모노세키 조약을 체결했다. 동 조약의 제1조는 '청나라는 조선이 독립국임을 인정한다.'고 되어 있다. 그 이전의 조선은 독립국이 아니었다는 말이다. 이 말은 '한국은 이제는 더 이상 중국의 속국이 아니'라는 뜻일 것이다. 중국으로부터 조선을 빼앗아 자신의 식민지로 만들기 위해 일본은 우선 조선을 '독립국'으로 만들 필요가 있었다.

1897년 8월 17일 조선은 '대한제국', 즉 황제의 나라임을 선포했다. 제국으로서의 능력이 있건 없건 명칭(名稱)상으로나마 조선은 수백 년 만에 처음으로 중국과 동급의 나라, 즉 황제가 통치하는 나라가 되었다.

조선의 왕들은 중국의 사신이 한양을 방문할 때마다 쩔쩔 매었다. 조선의 국왕들을 자신보다도 오히려 아래 직급의 사람으로 깔보았던 중국의 사신들은 한양에 올 때마다 영은문(迎恩門), 즉 '은혜를 환영하는 문'을 통해 한양으로 입성했다. 대한제국은 영은문 바로 앞에 독립문을 세웠다. 중국이 건강하게 남아 있었더라면 불경대역죄에 해당될 일이었다. 중국은 조공을 제때 바치지 못하는 나라를 군사력을 동원해서 벌 주곤 했었다.

조선이 대한제국을 선포하고 단기간이나마 독립국처럼 행동할 수 있었던 것은 1895년 청일전쟁에서 일본이 청나라를 격파했던 결과다. 전쟁에 패배한 중국은 일본의 강압에 의해 모욕적인 시모노세키 조약을 체결했고 조선이 독립국임을 인정하지 않을 수 없었다. 그렇게 조선은 청나라에 대항, 우리나라도 황제의 나라라고 대들 수 있는 기회를 얻었다. 그러나 조선은 진정한 독립을 이룩할 수 없었다. 진정한 독립국으로 발전하기는커녕 서구식 국가발전을 이룩한 일본의 제국주의에 합병되고 말았다. 19세기 말은 조선을 지배하는 종주권이 바뀌는 시기였다.

중국의 패망은 대단히 짧은 시간이나마 조선이 독립국임을 자칭할 수 있었던 기회를 제공했다. 그러나 당시 조선의 엘리트들은 진정한 독립을 획득하기 위한 전략적 지혜, 독립의 의지와 능력을 모두 결여하고 있었다. 독립협회 회원 등 당시 개명된 사람들도 대체로 중국으로부터 한국을 독립시켜 주었다며 일본에 대해 우호적인 생각을 가지고 있었다.

## 19세기 말과 21세기 초반의 유사성

최근의 한반도 정세를 100여 년 전 조선이 일본의 식민지가 되어 나라가 멸망당하기 이전의 그것과 비슷하다고 보는 사람들이 많다. "똑같다."며 과장하는 식자도 있다. 우리의 선조국가 조선은 1800년대 중엽 이후 급변하는 세계정세를 제대로 파악하지 못하고 대응하지 못하는 바람에 결국 그동안 깔보던 왜(倭)나라 일본의 식민지가 되는 모욕을 당했다. 100년 전 한반도와 작금의 한반도가 비슷하다고 비유하는 이유는 한반도를 둘러싼 국제질서가 급격히 변하고 있다는 점 때문이다.

19세기 말 조선 국민과 엘리트들은 조선을 진정 독립국으로 만들 수 있는 기회를 놓쳤다. 우리보다 나을 것이 별로 없었던 일본은 세계적 강대국으로 부상할 수 있었는데 우리는 오히려 일본의 식민지가 되고 말았던 역사의 반전이 일어난 시대가 바로 19세기였다.

21세기 또다시 국제체제가 급변하는 상황을 맞이하여 우리는 '통일을 이룩'하고 그럼으로써 '독립을 완성'시킬 수 있는 기회를 얻고 있다. 그러나 우리가 이러한 상황에 잘못 대처할 경우 남의 눈치를 보고 살아야 하는 나라로 전락할지도 모르는 위험도 상존한다.

## 동북아에서 한국의 국력 서열은 변하지 않았다

조선 말엽과 오늘의 대한민국이 처한 국제정치 상황의 유사점을 몇 가지로 정리할 수 있겠다. 대한민국은 지난 50여 년 동안 엄청난 수준의 국력 증가 덕택에 국력과 국격이 세계 최하위권에서 세계 10위권으로 상승했다. 그러나 문제는 대한민국이 동북아시아에서 차지하는 국력서열은 100년 전과 별 다를 바 없다는 점이다. 19세기 말 조선은 동북아시아에서 제일 약한 나라였고, 21세기 초인 지금도 그 사실이 변하지는 않았다. 미국, 일본, 중국, 러시아 등 동북아시아 지역 강대국들의 국력 서열에 약간의 변동이 있었지만 이들은 아직도 모두 한국보다 상위의 서열에 위치한 나라라는 사실에는 변함이 없다.

미국, 일본, 중국, 러시아는 현재 세계 1~4위의 강대국이며 북한마저도 '미국만 빠져 준다면' 자신은 한국과 싸워 이길 수 있다고 호언하고 있는 판이다. 국력의 정확한 측정을 위해서는 국민의 사기(士氣 morale), 국민의 교육 수준, 정치가의 리더십, 국가의 단결성, 문화, 예술, 학문적 능력 등 계량적으로 측정할 수 없는 요인들도 고려해야 함은 물론이다. 지금 우리나라는 계량적으로 측정할 수 없는 국력 요인들에서 다른 나라보다 우세하다고 말하기 힘들다. 국론의 분열, 희박해진 대적관, 종북세력의 존재 등은 눈에 보이는 국력마저도 효과적으로 행사할 수 없게 만드는 부정적 요인들이 아닐 수 없다.

어느 나라가 힘이 더 강한지에 대한 최종적인 평가는 '전쟁을 해봐야' 알 수 있는 일이다. 총력전쟁에서 이길 수 있는 나라가 종합 국력이 더 우세한 나라다.[63] 결국 우리가 '힘'으로 북한을 확실하게 제압할 수 없는 상황이라면 우리는 북한보다 더 강하다고도 말하기 힘든 상황이다.

## 국제정치의 본질이 변하지 않았다

100여 년 전 조선이 당면했던 국제정세와 오늘 대한민국이 당면한 국제정세가 비슷하다고 말할 수 있는 또 다른 결정적인 근거는 '국제정치의 본질'이 그때나 지금이나 별로 변한 바 없다는 사실이다. 많은 사람들이 오늘의 세계는 100년 전 세계와 다른 줄 알고 있고, 앞으로의 세계는 '전쟁 없는 평화의 세상'이 될 것이라고 믿고 있지만 전혀 그렇지 않다. 국가들은 과거와 마찬가지로 지금도 경쟁(race)하고 있으며 경쟁은 언제라도 국가 간의 폭력적인 분쟁, 즉 전쟁을 유발할 잠재적 가능성을 내포하고 있는 것이다.

지구상의 모든 나라들은 지금보다 더 잘살고 싶어하며, 지금보다 더 강력한 나라가 되기 원한다. 모든 나라들은 돈을 더 많이 벌기 원하며 돈을 더 많이 번 나라는 당연히 더욱 막강한 군사력을 보유하려 한다. 누구도 믿기 어려운 것이 국제정치일진대 지켜야 할 재산이 늘어난 나라가 어떻게 군사력을 늘이지 않을 수 있겠는가.

국가들은 서로 협력함으로써 더 잘살 수 있지만, 국가들의 더 큰 관심은 누가 '더' 잘살게 되었는가, 협력함으로써 누가 '더' 큰 이익을 보았는가를 따지는 일이다. 모든 국가들은 자신이 국제정치에서 차지하는 서열(序列)이 상승되기를 원하며 이 같은 점에서 국가들의 경쟁은 제로 섬(zero sum)적인 측면을 가지고 있다. 어떤 나라의 순위가 올라간다는 사실은 다른 나라의 순위가 내려간다는 것을 의미하기 때문이다. 이웃나라가 강한 나라가 되기보다는 약한 나라가 되는 것을 오히려 더 좋아해야 하는 것이 국제정치의 불행한 속성이다. '적은 약할수록 좋다.'는 것이 국제정치의 원칙이며 국제정치의 영역은 어떤 나라라도 친구가 될 수도, 또한 적이 될 수도 있는 곳이다.

최근 들어 국가들의 전쟁 가능성은 확실히 줄어들었다는 것이 국제 정치학자들의 공통적인 견해다.[64] 그러나 전쟁의 빈도가 줄어든 것은 국제체제의 본질이 변했기 때문은 아니다. 전쟁의 수행방식이 달라졌고, 무기 체계가 급격히 발달한 결과 국가들의 전쟁 억제력이 향상되었기 때문에 전쟁의 빈도가 줄어든 것이다. 국가들이 서로 막강한 군사력을 가지고 있기 때문에 전쟁이 과거처럼 쉽게 발발하지 못한다는 것일 뿐 전쟁과 평화의 논리는 과거나 지금이나 마찬가지인 것이다.

전쟁의 빈도는 달라졌을지 모르지만 국가들로 하여금 전쟁에 대비하지 않을 수 없게 하는 '국제정치 체제의 본질 그 자체는 변한 바 없다.'[65]고 보아야 한다. 특히 대한민국이 위치하고 있는 동아시아의 국제체제는 세계 어떤 지역보다 전쟁의 발발 빈도가 훨씬 높은 상황이라는 점도 잊으면 안 된다.[66]

## 조선과 대한민국의 국제상황을 본질적으로 다르게 만드는 요인: 한미동맹

그러나 100여 년 전 조선이 당면했던 국제상황과 오늘 대한민국이 당면한 국제정치 상황은 한 가지 요인 때문에 완전히 다르다. 한국은 세계에서 제일 막강한 미국과 동맹을 맺고 있다는 사실, 그리고 세계 최강 미국이 한국의 전략적 가치를 중요한 것으로 인정해 주고 있다는 사실이다. 한미동맹이라는 요인을 뺀다면 지금 대한민국이 처한 상황은 100년 전 조선이 처한 상황보다도 오히려 못하다. 그래도 100년 전 조선은 하나였었는데 지금 대한민국은 대한민국을 무슨 수를 써서라도 소멸시키기 원하는 북한과 싸우는 상황이기 때문이다.

중국, 일본, 러시아가 대한민국보다 국력이 강한 것은 사실이지만 만약 이들이 대한민국을 무력으로 침략한다면 미국이 군사력을 동원, 한국을 도와주게 되어 있는 한미동맹 구조야말로 100년 전 조선이 당면한 국제 정세와 오늘 우리가 당면한 국제 정세를 '완전히 다르게' 하는 결정적인 요인이다. 언제라도 대한민국을 무력 점령하려는 북한의 침략을 억제해 주는 가장 중요한 요인 역시 한미동맹이 아닐 수 없다.

100여 년 전 조선의 정치가들과 우국지사들은 조선의 독립을 위해 각종 구상을 가지고 있었다. 청나라와 지속적인 관계를 유지해야 한다는 세력(친청파, 親清派), 떠오르는 태양 일본과 연계해야 한다는 세력(친일파, 親日派), 러시아와 잘 지내야 한다는 세력(친러파, 親露派), 미국을 통해 생존 독립을 강구해 보자는 세력 (친미파, 親美派) 등 다양한 견해와 세력 분파들이 존재했다.

친청파는 세계가 바뀌고 있다는 사실에 무지했고 친일파, 친러파는 일본과 러시아가 중국과 마찬가지로 한국을 독점적으로 지배하려는 야욕이 있다는 사실을 간과했다. 친미파는 당시 미국이 세계 최강도 아니며 한국에 대해 결정적인 관심이 없다는 사실을 잘 몰랐다. 당시 세계 최고의 강대국은 영국이었는데 영국을 통해 조선의 독립을 강구해 보려는 세력이라 말할 수 있는 집단은 없었다. 있었다고 해도, 당시 국제구조상 영국과의 연계에 성공할 가능성은 높지 않았을 것이었겠지만 말이다.[67]

## 대전략과 책략

19세기 말과 21세기 초반 조선과 대한민국이 당면했던 국제 구조의 유사성은 우리를 불안케 하는 요인이며, 상이점(한미동맹의 존재)은 우리가 반드시 견지함으로써 21세기 초가 19세기 말처럼 되지 않도록 해야 할 당면 과제다. 급변하는 국제정세 속에서 우리가 추구해야 하는 최선의 상황이 오도록 하고 나쁜 상황의 도래를 차단하는 것 그것도 우리의 국가 대전략이 추구해야 할 부분이다.

최선의 상황은 대한민국이 주도하는 한반도 통일을 이룩하고 통일된 대한민국이 강대국으로 발전하는 상황이다. 한마디로 대한민국이 '통일 강대국'이 되는 상황이다. 그리고 이 같은 최선의 상황은 자동적으로 우리나라의 국가 대전략 목표가 되어야 할 것이다.

이 같은 상황에 이르기 위해서는 우리는 우리나라의 능력 증대와 국제적인 힘의 활용이라는 두 가지 노력에서 성공해야 한다. 즉 우리는 우리 스스로의 국력 증강을 위해 부단히 노력해야 하며 우리나라의 대전략을 '진정'으로 '지지'해 줄 수 있는 나라와 긴밀하게 연계해 줄 외교에서도 성공해야 한다. 물론 우리가 원한다고 좋은 상황이 저절로 오지는 않는다. 바람직한 상황의 도래를 위해 우리는 때로 피와 땀과 눈물을 각오해야 할지도 모른다. 대전략 목표를 성공적으로 달성하기 위해 우리는 훌륭한 책략을 전개해야 한다.

## 동북아시아의 미래에 관한 시나리오들

이미 국제정치학자들은 한반도의 주변 국제정치의 미래에 대해 논하고 있는데 그중 상당 부분이 우리의 희망과 배치되는 불길한 것들이다. 그리고 불길한 시나리오 중에는 우리나라의 힘만으로 어쩔 수 없는 요인들이 있는 것도 사실이다.

### 1. 중국이 아시아 패권을 장악하는 경우

중국이 세계 패권국이 되거나 혹은 최소한 아시아에서는 확실하게 미국의 힘을 거부할 수 있는 상황에 도달하는 경우를 가정할 수 있다.[68] 그 경우 한국은 어떤 상황이 될까? 최근 한국 사람들은 중국을 전혀 두려워하지 않는 경향이 있는데 중국은 우리에게 미국과는 본질적으로 다른 나라다. 미국은 한국의 영토에 대해 심각한 이익이 없지만 중국은 한국의 영토 그 자체에 관심이 없을 수 없다는 점에서 다르다. 중국은 한반도와 접해 있는 나라다.

중국이 아시아의 패자가 되어 미국의 세력을 물리치는 경우 한국은 사실상 중국에 종속해서 살아야 하는 나라가 될 것이다. 이 같은 상황이 우리에게 얼마나 비참한 상황이 될지를 상상한 훌륭한 책이 이미 간행되었다.[69] 대한민국은 적어도 1948년 이후 미국과의 동맹을 이용, 아시아에서 당당한 독립국으로 살아왔는데 미국의 힘이 빠져 나가는 경우 한국이 당면하게 될 상황은 녹록지 않을 것이다.

브레진스키 박사는 『전략적 비전』이라는 책에서 미국이 아시아에서 중국에 밀리는 상황이 되었을 때 한국은 세계 어떤 나라보다 어려운 처지에 놓일 것이라고 예상하고, 그런 상태에 놓인 한국은 어느 것도 바람직하지 않은 세 가지 전략적 대안 중에서 하나를 택하지 않을 수 없을 것이라 분석한다.[70]

첫째, 중국에 종속되어 사는 것이다. 조선이 그렇게 했었다. 자존심과 독립은 훼손되겠지만 멸망하지는 않을 것이다.

둘째, 독립을 유지하기 위해 핵무기 제조 및 보유를 포함하는 대책을 세우는 것이다.

셋째, 한국인들에게는 대단히 어려운 선택이겠지만 일본과 협력하여 중국에 대항함으로써 자존과 독립을 유지하는 것이다.

브레진스키 교수는 자신의 책이 출간된 후 약 반년이 지난 2012년 8월, 「동아일보」와의 인터뷰에서 중국이 아시아의 패권국이 될 경우, 한국이 택할 수 있는 가장 올바른 전략은 '일본과의 안보 협력' 이라고 대답했다. 브레진스키의 조언에 놀랄 한국 사람이 많을 것이다. 어떻게 일본하고 협력하라고 말하냐며 반문하는 사람들도

있을 것이다.[71]

만약 대한민국의 위정자들마저도 '일본과의 협력은 생각할 수 없는 일'이라고 생각한다면 한국의 선택은 나머지 두 가지 중 하나가 될 것이다. 즉 중국에 복속하든가 아니면 핵무장 등을 통해 단독의 힘으로 중국에 맞서는 일이다.

브레진스키 교수가 한국의 핵무장에 반대하는 이유는 한국이 핵무장하는 경우 일본의 핵무장은 거의 자동적인 일이 될 것이기 때문이다. 일본의 핵무장은 중일관계의 파탄은 물론 미일관계의 파탄을 초래할 사안이 될 것이다. 핵무장까지 갖춘 일본이 중국에 의해 아시아에서 밀려난 미국에 국가안보를 의존해야 할 이유도 없어질 것이다. 일본 그 자체로 강대국이 될 터이니 말이다.

중국이 아시아의 패권국이 되는 일을 미국이 막지 못하고 물러난다면, 그리고 한국과 일본의 안보협력은 영원히 불가능한 것이라면, 일본의 선택도 두 가지 중 하나다. 하나는 중국에 속국이 되는 것, 다른 하나는 군사강대국이 되어 중국에 대적하는 것이다. 일본이 스스로 중국의 속국이 될 가능성은 거의 없다. 일본은 필히 군사강국의 길을 택할 것이다. 이미 일본 식자들은 제2의 일중전쟁이 시작되었다고 말하고 있다.

미국은 이미 중국이 아시아의 패자가 되는 것을 허락하지 않겠다며 전열을 가다듬고 있는 중이다. 한국 정부가 친중 정책을 적극적으로 전개하는 현재, 한국은 미국의 대중국 억제 전략의 대열에 적극 동참하지 않은 상태에 있다고 보인다.

한 가지 이해하기 대단히 어려운 이율배반적 상황이 있는데 한국인들은 한편으로는 중국의 부상을 대단히 부정적으로 보며 다른 한편으로는 중국의 부상보다는 일본의 우경화를 더 비난하고 있다는 점이다. 중국의 군사력 증강을 '나쁜 것(Bad Thing)'이라고 대답한 한국인이 89% 나 되었었는데 지금 한국 국민, 정부, 언론은 모두가 일본의 우경화를 비난하는 데 집중하고 있는 것 같으니 도무지 헷갈리는 상황이 아닐 수 없다.[72] 좋은 전략과 책략을 구상하는 데 결코 바람직한 상황은 아니다.

## 2. 미국의 우위가 지속되는 상황

미국이 중국의 패권을 허락하지 않기 위해 노력할 것이라는 점은 분명하다. 이미 미국은 아시아의 재균형 전략, 아시아 회귀 전략 등으로 중국의 아시아 패권 장악을 억제하고 있다. 미국의 노력이 성공하는 경우 미국은 세계 패권국의 지위는 물론 아시아에서도 패권의 지위를 유지할 것이다. 필자는 미국의 아시아 패권 유지 시나리오가 중국이 패권을 장악하는 시나리오보다는 훨씬 더 현실적인 것으로 보고 있다. 이미 미국은 상상을 초월하는 스텔스 구축함, 레이저 함포, 차세대 항공모함 제랄드 포드 클래스 등 신무기를 속속 개발하고 있으며, 2015년이 되면 이들 모두 서태평양 해역에 실전 배치될 예정이다.

이 같은 상황은 대한민국에게는 중국이 패권을 장악한 아시아 상황보다는 덜 어려운 전략적 상황이 될 것이다. 1950년 이래의 동북아시아 상황이 지속되는 것이기 때문에 우리에게는 큰 정책 변화를 요구하지 않는 익숙한 상황이기도 할 것이다. 중국과 달리 미국은 지정학적으로 한국에서 멀리 있고 미국은 자유민주주의를 신봉하는 나라이며 한국의 영토를 탐내고 한국의 독립을 훼손할 나라가 아니기 때문이다.

## 3. 일본이 아시아의 패자로 등장하는 상황

중국이 아시아의 패자로 등장하는 상황과 더불어 일본이 아시아의 패자로 등장하는 상황은 19세기 말의 상황과 대단히 유사해질 될 것이다. 일본이 아시아의 패자로 등장하는 상황은 일본이 더 이상 미일동맹에 의존하지 않는 군사적·경제적 능력을 갖추는 상황이다. 많은 사람들이 설마 그럴 리가 있겠냐고 의문하는 상황이지만 1990년대 초반 미국은 비록 잠깐 동안이었지만 일본이 아시아의 패자가 되는 상황을 우려한 바 있었다. 일본과 미국이 전쟁을 할 수도 있다고 예측한 사람들도 있었다.[73]

일본은 국력의 제반 요건을 고려할 때, 언제라도 다시 아시아 패권국이 될 수 있는 잠재력을 가진 나라다. 높은 교육을 받은 인구, 정부의 정책에 놀라울 정도로 잘 순응하는 단결력을 보이는 일본 국민. 자원이 부족하다는 '영원한 문제'에 봉착한 일본은 사실 강대국으로 다시 부상할 경우 대규모 영토와 자원을 보유한 중국보다 훨씬 더 공격적인 나라가 될 것이다.

그것이 두려워서 주변국들은 일본의 우경화를 겁내고 있는 것이다. 일본이 아시아에서 막강한 지위를 다시 차지하는 날이 온다는 것은 우리에게 결코 유리한 시나리오는 아닐 것이다. 그러나 일본은 중국, 미국은 물론 역사상 나타났던 모든 강대국들과 마찬가지로 패자가 되려는 DNA를 소유한 강대국이다.

물론 미국은 중국의 패권은 물론 일본의 패권에 대해서도 반대한다. 미국이 아베의 야스쿠니 신사 참배에 대해 강한 불쾌감을 표현하고 있는 것은 '미국은 중국의 부상에 대응하기 위해 일본의 힘을 일정 부분 증강시켜줄 것이지만, 거기에는 한계가 있다.'는 사실을 분명히 한 것이다. 그런데 일본이 부상하는 상황이 오면 이는 한국에게 역설적이지만 편한 상황이 될 것이다. 미운 나라와 무서운 나라가 같은 나라인 상황은 외교 및 안보정책 수립에서 크게 고민스러운 상황은 아니기 때문이다.

## 4. 어떤 상황이 바람직한가

미래 동북아시아에 관해 더 많은 시나리오를 만들어 볼 수 있지만 가능성이 높은 것 세 가지가 바로 앞에서 논한 것들이다. 세 가지 중에서 어떤 상황이 가장 바람직한 상황인가? 대한민국이 주도하는 통일이 가장 유리하고 대한민국이 더 강한 나라로 올라서는 데 가장 유리한 상황이 가장 바람직한 상황이다. 바람직한 상황은 미국의 우월한 지위가 지속되는 두 번째 시나리오가 아닐 수 없다.

중국과 일본은 한반도와 지리적으로 너무 가까이 있기 때문에 본질적으로 막강해진 대한민국을 원하지 않는다. 물론 중국과 일본은 모두 입버릇처럼 한국의 통일을 지지한다고 말한다. 대한민국이 막강해지는 첩경이 한반도 통일일진데, 이웃나라인 중국과 일본이 한국의 통일을 지지할 것이라고 믿는 것은 순진하기 그지없는 일이다.

우리나라의 국가 대전략 목표가 되어야 할 '통일 강대국 건설'을 위해 가장 좋은 국제환경은 미국의 우위가 유지되는 동북아시아라고 볼 수 있다. 지정학적인 이유에서 미국은 한반도의 통일을 두려워해야 할 이유가 없고, 한반도의 통일을 반대해야 할 이유도 없다. 최근 형성된 동아시아 구조의 변화 상황에서 미국의 '전략적 고려'는 한반도를 빠른 시기에 통일시키는 것으로 변하고 있다고 말해도 된다. 통일을 이룩한 지금보다 훨씬 강한 대한민국은 미국의 대 아시아 정책에 가장 유용한 파트너가 될 수 있다고 생각하고 있다.

우리나라는 가능한 한 우리에게 유리한 국제상황이 전개될 수 있도록 하는 대외정책을 구사해야 할 것이다. 우리가 할 수 있는 역할을 과소평가할 필요가 없다. 미국은 이미 대한민국을 동북아시아 안보를 위한 린치핀(Linchpin)이라 말했다. 대한민국은 미국이 보기에 아시아 안보를 위해 막중한 역할을 담당할 수 있는 나라가 되어 있는 것이다.

2장

# 21세기 대한민국 책략

## 19세기 말 중국인이 조언했던 조선책략

1880년 여름 일본주재 청국 공사 하여장은 일본에 파견되었던 조선 수신사 김홍집에게 주기 위해 청국 공사관 참찬관인 황준헌(黃遵憲)으로 하여금 『조선책략(朝鮮策略)』을 저술케 했다. 『조선책략』은 조선의 급선무는 러시아 침략에 대비하는 것이며, 이를 위해 서방 각국이 취하고 있는 균세정책(세력균형정책)을 채택하여 친중국, 결일본, 연미국하고 자강책을 도모해야 한다고 주장했다. 즉 명목상으로는 조선을 위한 국가안보 정책 제안서였지만 실제적으로 중국에 유리한 조선의 행동을 권고하는 책이었다.

황준헌은 "오늘날 조선의 책략은 러시아를 막는 일보다 더 급한 것이 없을 것이다. 러시아를 막는 책략은 어떠한가? 중국과 친하고, 일본과 맺고, 미국과 이어짐으로써 자강(自强)을 도모하는 것이다." 라고 제안했다.

황준헌은 조속히 서구 열강들과 조약을 체결해야 하는데 서양 제국 중에서 가장 믿을 만한 나라는 미국이니 조선은 속히 미국과 조약을 맺어야 한다고 조언했다.

김홍집으로부터『조선책략』을 건네받은 조선 왕실은『조선책략』에서 제의된 내용을 긍정적으로 받아들이고 곧 미국과 수교를 체결(1882)하는 등 개국을 시도했다. 물론 조선 왕실은 친러적인 정책도 수행, 황준헌의 제안을 일부 무시했다. 황준헌이 일본과 조선이 잘 지낼 수 있다고 가성한 것도 국제정세를 잘못 분석한 결과였다. 그럼에도 불구하고 청나라의 관리가 조선 왕실의 정책을 자신들에게 유리하도록 이끌려고 했던 노력 그 자체를 폄훼할 필요는 없을 것이다. 오늘 우리나라 역시 21세기 대한민국 책략을 절실히 필요로 하는 시점이 되었다.

황준헌은 우선 러시아를 가장 큰 위협이라고 판단하고 이에 대처하는 외교적 방안을 제시했는데 전략론의 입장에서 보았을 때 타당한 방법이다. 위협의 원천을 먼저 밝혀야 전략의 수립이 가능하니 말이다. 러시아가 위협의 원천임이 맞다면 황준헌의 제안은 대체로 무난하다.[74] 제일 무서운 러시아를 막기 위해서 조선은 서양 나라 중에서는 제일 괜찮다는 미국과 연계(聯美國)하고, 이웃인 일본과 결합[結日本]해야 한다고 말했다. 현실적인 국제관계의 원칙에 기초를 둔 조언이라고 말할 수 있다.

## 21세기 대한민국 책략

황준헌이 100여 년 전 그랬듯이 우리는 지금 대한민국이 통일을 이룩하고 강대국이 되기 위한 대전략을 성공시키기 위한 '책략'을 구상해야 한다. 황준헌이 말한 스스로의 힘을 기르는 일[自强]은 당연한 일이고, 이와 더불어 정말 정교한 대외정책을 수립해야 한다. 책략을 수립하기 위해서 무엇보다도 가장 큰 위협의 원천이 무엇인지를 파악하는 일이 중요하다.

지금 당장 대한민국의 최대 위협은 북한이다. 그러나 19세기 말과 달리 21세기 한국의 책략은 북한의 침략을 막는 것을 넘어서서, 북한을 통일한다는 보다 적극적인 목표를 가지는 것이어야 한다. 그렇다면 남북통일을 이룩하기 위해서 우리는 어떤 외교 정책을 구사해야 할까?

우선 우리가 원하는 통일을 지원하는 세력과 그렇지 않은 세력을 구분할 필요가 있을 것이다. 지금 대한민국은 통일 문제에 관한 한 상당히 혼돈스런 상황에 처해 있다. 한반도 통일에 영향력을 행사하는 주변 강대국들이 모두 '한반도의 통일을 지지한다.'고 말하는 상황이니 말이다. 주변강대국들, 특히 중국마저도 통일을 지지한다는데 왜 이다지도 통일 여정이 지지부진하단 말인가? 통일을 지지한다는 말이 빈말이던가 혹은 그들이 원하는 통일의 방법 혹은 통일의 결과가 우리가 원하는 것과 다르기 때문에 그럴 것이다. 우선 우리나라 주변 강대국들의 한반도 통일에 대한 입장을 알아보자.

## 주변 강대국들의 한반도 통일에 대한 입장

미국의 버락 오바마 대통령은 '한국의 통일 정책과 한반도 신뢰 프로세스를 지지' 한다고 말했고 2013년 5월의 한미동맹 60주년 선언에서 미국은 '민주주의와 자유시장 경제에 입각한 평화통일'을 지지한다고 말했다.

중국의 시진핑 국가주석은 '통일은 대세이고 중국 국익에 부합하며 중국 국민이 바라는 것'이라고 말하고 한중 미래비전 선언에서 중국은 '한민족의 염원인 한반도의 평화통일 실현을 지지'한다고 말했다.

러시아의 블라디미르 푸틴 대통령은 '통일은 당면한 과정이며 평화적으로 이뤄질 때 지지할 것'이라고 말했다. 아베 총리는 한반도 통일에 대한 공식 언급을 하지 않았다.[75] 그러나 일본 역시 공식적으로 한국의 통일을 지지한다. 일본의 우파 지식인 일단은 최근 일본 정부는 한국에 의한 한반도 통일을 지지하는 정책 수립을 촉구하는 서한을 제출하기도 했다.

미국, 중국, 러시아 3개국 국가원수가 모두 통일을 지지한다고 언급했다. 그러나 그들은 통일의 '방법'에 대해서는 모두 언급했지만 통일의 결과에 대해서는 오로지 미국만이 분명한 입장을 말했을 뿐이다. 통일을 이룩하는 주체, 통일한 후의 한반도에 대해서 미국만이 '대한민국 주도의 자유민주주의 통일국가'를 명시하고 있다. 결국 미국 한 나라만이 대한민국이 원하는 통일을 명시적으로 지지하고 있는 것이다.

중국의 시진핑 주석은 '통일은 대세이고 중국 국익에 부합하며 중국 국민이 바라는 것'이라고 말했지만 2013년 6월, 기자회견에서 중국이 지지하는 통일은 '자주적인 통일'이라고 말했었고, 한국이 통일

할 수 있는 절호의 기회를 무력으로 막았던 1950년 중공군의 6.25 전쟁 개입에 대해서 '침략자들에 대항해서 싸운 정의로운 전쟁'이라고 칭송한 바 있었다. 2014년 3월 중국의 시진핑 주석은 한반도의 '자주적' 평화적 통일을 지지한다고 다시 언급했다. 진정 한국의 통일이 중국의 국가이익에 부합하는 것이라면 지금 곧 북한을 설득 혹은 압박할 수 있지 않을까?

중국은 북한이 도발을 할 때마다 언제라도 북한을 옹호해 왔다. 북한의 미사일 발사로 인해 국제사회의 제재를 당할 때, 제재의 완화를 위해 노력했고 천안함, 연평도 포격 사건 등에서도 중국은 북한을 격렬하게 비난하지 않았다. 최근 중국은 "유엔의 북한 인권 보고서를 믿을 수 없다."며 북한을 옹호하고 있을 정도다. 중국은 오히려 미국과 가까워지는 대한민국에게 '미국만 없으면 진작 손보았을 것'이라며 악담했던 적도 있다.

러시아의 경우 사실 남북 분단의 당사국이지만 지금 한반도 통일에 대한 러시아의 영향력은 미국, 중국에 비해 훨씬 약한 것이 사실이다. 푸틴의 언급은 통일에 대한 일반론을 말한 외교적인 언급이라고 보면 될 것이다.

결국 대한민국이 원하는 통일을 지지하는 나라는 미국뿐이며 다른 나라들은 아직 대한민국이 이룩하려는 자유 민주 통일을 지지한다고 말한 바 없다. 특히 중국은 직접적으로 말하지 않았지만 미국이 지원하는 통일을 바라지 않는 것이 분명하다. 대한민국의 전문가들은 '중국의 핵심이익에 배치되는 통일 방식이어서는 안 될 것'이라고 말하며. '주한미군이 북한 지역에 주둔하는 것은 중국의 핵심 이익을 건드리는 일'이 된다고 판단한다.[76]

중국이 원하는 통일은 통일을 이룩한 한반도에 미국의 영향력 특히 군사적 영향력이 없는 상황을 의미하는데 그렇다면 중국이 원하는 바는 통일 후 한미동맹관계가 소멸되는 상황일 것이다. 한미동맹이 소멸될 경우 한반도에 대한 중국의 영향력은 압도적으로 강해질 수밖에 없다. 우리로서는 대단히 곤란한 상황이다.

그런데 미국은 그런 통일을 지지할까? 절대로 아니라고 본다. 한반도에 영향력을 강화한 중국은 아시아의 패자가 되기 더욱 쉬워질 것이며 이 같은 상황의 도래는 미국의 국가이익에 정면 배치되는 일이다. 미국은 중국을 견제하는 데 있어 대한민국(남한)을 대단히 중요하게 생각한다.

통일된 한반도가 중국의 군사적 영향력 아래 들어가는 것을 가장 격렬하게 반대할 나라는 일본일 것이다. 통일된 한반도가 중국의 영향력 아래 들어갈 것이 분명해지면 일본도 가만히 있지는 않을 것이다. 일본은 북한을 살려 주려 노력할 것이다. 일본은 현재 북한을 살려 줄 수 있는 돈을 가지고 있다.

미국의 입장에서 보면 통일 후, 그동안 아시아 대륙의 군사 교두보 역할을 해 왔던 한반도 남쪽에 대한 군사적 영향력을 잃게 되는 것보다는 차라리 분단이 지속되는 것을 선호할지 모른다.

한국의 식자들 중에 많은 사람이 우리가 통일을 하더라도 중국에 위협이 되지 않을 것이라고 중국을 설득해야 한다고 말한다. 중국이 설득당할까? 중국 사람들이 우리에게 "통일을 지지할 테니 한국은 미국과 완전히 결별하라."고 요구하면 우리는 어떻게 대답해야 할까?

중국과 일본은 한반도의 통일을 자국 주변에 상당히 큼직한 나라가 출현하는 것으로 인식한다. 친하냐 아니냐가 아니라 통일을 이룩한 한반도의 나라(그것이 북한에 의한 통일이건 대한민국에 의한 통일이건)가 지금보다는 훨씬 다루기 어려운 강한 나라가 될 수밖에 없으리라는 점이 중국, 일본 사람들의 한국의 통일을 부정적으로 생각하는 기본적 이유다.

미국의 전통적 동맹국인 대한민국이 한반도 통일을 이룩하는 것을 중국이 좋아한다면 그것이 오히려 비정상이다. 중국은 북한에 의한 통일도 반대할 것이다. 분단 상황에서도, 동맹국 중국의 말을 잘 듣지 않는 북한이 통일을 이룩, 더욱 막강해지는 것을 중국이 좋아할 리가 없다.

사실상의 안보 동맹(한미일 삼각구조)이면서도, 지금처럼 한일관계가 적대국처럼 변할 수 있는데, 힘이 더욱 막강해질 것이 불을 보듯 뻔한 통일된 한반도의 출현을 일본이 지지할 수 있겠는가?

미국이 한반도 통일을 지지하는 것은 통일된 한반도는 지정학적으로 미국 편이 될 확률이 제일 높기 때문이다. 지정학적으로 한국이 두려워해야 할 나라는 언제라도 중국 아니면 일본이다. 중국, 일본의 위협에 대응하기 위해 한국이 동원할 수 있는 가장 좋은 강대국은 미국이다. 미국이 착한 나라여서가 아니라 멀리 있는 나라여서다.

중국의 힘이 무서워서 일본과 연합한다면 우리는 일본의 아래 나라가 될지 모르며, 일본이 무섭다고 중국과 연합하면 우리는 중국의 아래 나라가 될 가능성이 대단히 높다. 이제까지의 역사가 알려 주는 진리다.

제2차 세계대전 이후 냉전 시대 동안 미국 밑으로 들어갔던 게 아니냐며 분노하는 사람들이 많다. 일본이 통치하던 시대, 중국에 조공 바치던 시대와 한미동맹 시대를 비교해 보면 알 일이다. 미국도 당연히 지배를 원하는 강대국이지만 지정학, 국가속성을 고려할 때 한국에게 미국보다 양호한 동맹국은 없는 것이다.

## 한미동맹의 약화는 100년 전 국제상황으로의 회귀를 의미한다

지금 대한민국은 미국이라는 세계 최강국가와 동맹관계에 있다는 최고, 최대의 전략적 자산을 가지고 있다. 이 같은 사실은 역설적으로, 한미동맹이 소멸될 경우 대한민국이 처한 국제정치 상황이 100여 년 전 조선이 처한 국제정치 상황과 같아질 것 혹은 더 나빠질 것을 의미하는 것이다.

대다수 한국 국민들이 그럴 리 있겠냐고 생각할지 모르지만 한미동맹이 약화 혹은 소멸될 가능성은 상존한다. 한미동맹을 약화 혹은 종료시키려는 세력이 국내와 국외에 광범하게 번져 있는 상황이기 때문이다. 대한민국 내의 좌파 세력, 북한, 중국 그리고 일본은 의도적으로 한미동맹의 약화 혹은 폐지를 위해 노력하고 있는 상황이다. 대한민국의 정상적인 세력들도 잘 의식하지 못하는 사이 한미동맹을 약화시키는 행동을 하고 있는 중이다.

## 균형자론, 미중 등거리 외교론, 친중 반일주의는 모두 한미동맹을 약화시키는 요인

최근 한국의 국력이 어느 정도 강해졌다는 사실에 우쭐한 나머지 '균형자 외교' '미중 등거리 외교' 등을 말하고 있는 경우를 보았다. 이 같은 주장을 하는 사람들이 자신들의 말하는 바의 '전략적 의미' 를 알고 있었는지는 알 수 없다. 균형자 외교, 미중 등거리 외교라는 용어 자체가 한미동맹의 종료 및 약화를 의미하는 개념이라는 점을 알아야 한다.

한국정부가 미국과 중국이 갈등할 경우 '균형자' 역할을 담당하겠다는 논리를 피력했다가 미국과의 관계가 상당히 악화된 적이 있었다. 소위 '균형자론'을 비판하는 사람들은 대한민국이 그럴 수 있을 만큼 힘도 없다며 비판했다. 그러나 '균형자' 라는 개념이 더욱 위험했던 진정한 이유는 그것이 '한미동맹의 종식'을 '의미'하는 것이기 때문이다. 미국은 한국이 균형자임을 자처하는 순간 '저 나라가 미국과의 동맹을 더 이상 원치 않는구나.' 라고 생각했을 것이다.

국제정치 이론상 균형자가 될 수 있는 필수 조건은 누구와도 '동맹관계를 맺지 않는 것'이다. 우리가 미국과 동맹을 유지한 채, 미중 갈등에서 균형자 노릇을 할 수는 없는 일이다. 그렇게 행동한다면 한미동맹의 약속을 저버리는 일이 될 것이기 때문이다. 또한 한국이 미국과 동맹을 유지한 채, 미중 간 갈등에서 균형자가 된다는 말을 중국이 과연 믿을 수 있을지를 생각해 보아야 한다.

우리가 미국과 동맹을 유지한 채 미중 간 균형자 역할을 하겠다는 것은 한미동맹을 무시하는 처사이며, 동시에 중국을 기만하는 것이다. 중국은 당시 한국정부에게 '당신네들이 정말 미중 갈등에서 균형자 역할을 담당하고 싶다면 먼저 한미동맹부터 폐기하라.'라고 말하고 싶었을 것이다.

'미중 등거리 외교론'도 마찬가지로 위험한 것이다. 한국은 미국과 '동맹관계'에 있는 나라다. 즉 미국이 어느 나라와 갈등을 벌일 경우 한국은 미국을 지원해야 할 법적 의무가 있다. 지금 미국은 중국과 점차 경쟁 관계로 빠져 들고 있다. 이 같은 상황에서 우리가 미국과 중국을 거리가 같은 나라로 취급하겠다는 것은 우리 스스로 '한미동맹을 무시' 하겠다는 것과 같은 말이다.

우리들이 흔히 듣고 보는 '미국과 중국 사이에서 어떻게 해야 할지 고민'이라는 언급 자체가 한미동맹을 약화시키는 말이다. 미국과의 동맹을 폐기한 상태라면 우리는 미중 갈등 속에 누구를 택해야 할지 고민해도 되며 또 고민해야 한다. 중국은 현재 북한과 동맹관계를 공식적으로 폐기하지는 않은 상태다. 아직도 비공식적이나마 북한의 동맹국인 중국, 즉 적의 동맹인 중국과 우리의 동맹인 미국과 등거리 외교를 하겠다는 한국을 미국은 어떻게 생각할까?

중국은 경제적으로 중요하고 미국은 안보상으로 중요하다면서 번민하는 사람들도 있다. 그래서 국제정치학자들은 국가이익의 우선순위를 만들어 낸 것이다. 경제적 이익보다는 국가 안보가 월등히 더 중요한 것이다. 안보이익과 경제이익이 충돌할 경우 번민할 일이 아니라 당연히 안보를 택해야 한다. 건강이 중요하지 돈이 중요한가.

## 중국의 대 한반도 정책은 한미동맹의 약화를 지향한다

최근 대한민국과 중국은 마치 오래된 친구처럼 행동하기 시작했다. 한국과 중국은 일본을 공통의 적으로 삼고 있는 것처럼 말하기도 한다. 일본과는 말도 안 하는 한국의 외무장관이 중국과는 몇 시간씩 통화한다고 한다. 이웃 중국과 잘 지내는 것은 좋다. 그러나 중국이 옛날 중국과 달리 한국을 우대해 주고 한국과 친하게 지내는 데는 이유가 있다.

중국은 유교주의적 국제정치관을 가진 나라로서 이웃의 작은 나라를 동등한 국가로 대접하지 않는 전통을 가진 나라다. 지금도 중국은 한국을 옆에 붙어 있는 소국으로 생각할 뿐이다. 다만 그 작은 나라가 미국이라는 세계 최강국의 중요한 동맹이라는 사실이 마음에 걸리는 것이다.

중국의 전략 목표는 전략적으로 대단히 중요한 한반도를 가능하다면 미국과 결별시켜 친중국적인 지역이 되도록 만드는 것이다. 중국도 대한민국의 전략적 가치를 높이 사고 있다는 의미다. 지정학적으로 당연한 이야기다. 게다가 상당히 힘이 강해진 대한민국이 중국을 노골적으로 견제하기 시작한 미국의 동맹국으로 남아 있다는 사실은 중국이 보기에 눈엣가시다. 중국이 한미관계를 이간시키는 것은 정상적인 중국의 외교 책략이다.

중국은 미국의 아시아 지역 동맹국 중에서 비교적 그 연결 고리가 약하다고 생각되는 한국을 미국으로부터 떼어내려 하는 것이다. 중국은 미국과의 동맹이 약화되어 허약해진 한반도 혹은 중국에 굴종하는 한반도를 만드는 것을 대 한반도 정책의 궁극적 목표로 삼고 있다. 이웃 나라는 강한 것보다 약한 것이 더 좋다. 미국으로부터 본격적으로 간섭과 제어를 받기 시작한 중국이 한미 관계를 약화시키기 위해 노력하는 것은 중국의 입장에서 당연하고 올바른 전략적 행동이다.

## 일본도 한미동맹의 약화를 원하고 있는가?

일본은 최근 급격히 우경화하고 있다. 일본의 우경화 행보는 1차적으로는 중국을 겨냥하고 있는 행동이지만 일본으로부터 혹독한 식민지 경험이 있는 대한민국은 일본의 우경적 행동에 중국보다 오히려 더욱 분노하고 있다.

국제정치의 냉혹한 논리를 따른다면, 일본이 중국의 국력 부상에 불안을 느끼고 이에 대항하는 조치로서 우경적인 조치들을 취하기 시작했다면, 당연히 한국을 전략적 동반자로 껴안고 가려고 노력해야 한다. 하나의 막강한 강대국이 부상할 때 이웃의 보다 약한 나라들은 서로 협력, 힘을 합쳐 부상하는 강대국에 대처해야 함이 당연한 일이기 때문이다.[77] 작금 한국과 일본의 관계가 악화되는 상황에서 미국의 입장을 분석한 영국의 「이코노미스트」지는 "북한의 핵무기와 중국의 부상으로 인해 공동의 위협에 당면한 한국과 일본이 갈등을 벌이고 있다는 사실에 미국은 분노하고 있다."고 기술하고 있다.

「이코노미스트」지의 분석은 국제정치학의 '원칙'에 입각한 분석이다. 문제는 대한민국이 중국의 부상에 대해 세계의 다른 나라 사람들이 느끼는 것과 유사한 '위협'을 느끼고 있느냐의 여부다. 세계는 중국과 가장 가까이에 있는 한국 사람이야말로 중국의 부상을 가장 두려워해야 할 사람들이라고 생각하고 있을 것이다. 그리고 브레진스키 교수를 비롯, 미국의 수많은 군사안보 전문가[78]들은 "한국 정부는 일본과 안보협력을 강화하라."고 조언하고 있는 것이다.

그런데 일본은 왜, 한국과의 우호적인 관계 수립이 중국과의 대결에서 대단히 중요한 일인데도 불구하고, 한국을 분노하게 만들고 대중국 공동 전선에서 한국을 떼어내는 것과 마찬가지인 일을 쉬지 않고 지속하는 것일까? 필자는 이 같은 상황이 이해되지 않고 궁금해서 일본의 대표적 지한파(知韓派) 학자인 다케사다 히데시 교수에게 질문을 한 적이 있었다. "중국의 부상에 대해 한국과 일본이 힘을 합쳐 대응하는 것이 당연한 방법일 터인데 왜 일본은 한국을 분노케 하는 행동을 쉬지 않고 하느냐?"고 물었더니 다케사다 교수는 일본 사람들은 대개 "한국은 결코 일본과 한 편이 될 수 없는 나라라고 생각하고 있다."고 대답해서 놀란 적이 있었다.

국가들의 행동 기준은 팩트(Facts)보다는 인식(Perception)에 의거한다.[79] 우리가 아무리 아니라 해도 다른 나라가 그렇게 인식하면 그뿐인 것이다. 인식은 맞을 수도 있고 틀릴 수도 있지만 국가들의 행동은 사실에 기반하는 것이 아니라 인식에 기반하는 것이다.

일본인들이 한국을 그렇게 생각하고 있는 것과 마찬가지로, 한국인들 역시 일본과는 '결코' 친구가 될 수 없다고 믿는다. 바로 이 같은 사실이 현재 한국이 당면하고 있는 전략적 딜레마의 가장 큰 부분이다. 한국인들이 일본과 전략적 동반자가 될 수 없다고 생각하는 것은 한국의 국제정치적 불행이다.

그렇다면 일본은 한국과의 우호 관계를 정말 포기한 것인가? 그리고 한국과 일본은 전략적으로나마 우호국이 될 수 없는 것일까? 적어도 당분간은 그렇다고 본다. 한국과 일본은 동양 국가로서 서구식 국제정치관을 받아들이기 어렵다. "영원한 친구도 영원한 적도 없다. 다만 영원한 국가이익이 있을 뿐이다."라는 파머스톤식 현실주의적 국제정치 관점이 동양 사람들에게는 곤란한 것이다. 냉혹한 국가 이익이 아니라 감정적 차원에서 국제정치를 재단하다 보니 한국 사람들은 일본의 식민 통치는 처절하게 기억하고 있는 한편, 중국의 오랜 한반도 지배는 기억에서 사라져 버렸다.[80]

한국과 일본이 적대적인 관계에서 언제 벗어날 수 있을지 도무지 알 수 없다. 한국 사람들 중에 '반공'에는 동의하지 않을지라도 '반일'에 동의하지 않는 사람들은 없는 것처럼 보인다. 일본을 두둔하는 사람들은 패가망신을 각오해야 할 분위기다.

더 나아가 현재 아베정권의 반한정책은 나름대로의 전략적 목적이 있다고 보인다. 그 목적을 성공적으로 달성할 수 있을지의 여부는 한국, 미국은 물론 중국에게 달려 있지만 일본의 반한 정책은 한국을 한미일 삼각 동맹에서 빼내려는 의도가 있는 것으로 보인다.

한국과 일본이 갈등하게 될 경우 미국은 대단히 난처한 입장에 빠지게 될 것인데 결국 한 나라를 택해야 한다면 그때 미국은 일본을 택할 수밖에 없지 않을까? 일본은 중국을 견제하기 위해 본격적으로 아시아로 회귀하는 미국의 힘을 활용함으로써 경제력을 회복하고 내친 김에 군사력까지 증강시켜 단독의 힘으로 중국과 균형을 이룰 수 있는 수준 혹은 그 이상의 수준으로 국력을 증진시키고자 하는 것이다.

일본은 미국의 대 유럽 정책에서 영국이 차지하는 역할과 같은 것을 아시아에서 독점적으로 차지하고 싶을 것이다.

## 21세기 대한민국 책략

한국이 처한 국제정치 환경은 사실 하나도 쉬운 것이 없다. 일본과 중국은 예기치 않았던 전쟁을 할지도 모르는 상황이다. 2014년 2월 2일 중국 공군은 방공식별 구역에 들어온 외국의 비행기를 실탄 사격해서 추방했다고 발표하고 있다. 어느 나라 비행기인지를 발표하지 않았는데 한국은 한국 비행기는 아니라고 발표했다. 어느 나라

비행기인지 출격한 장소가 어디인지도 모두 모호하지만 분위기가 나쁘다는 것은 부인할 수 없는 현실이다.

북한은 핵무기 체계를 서서히 완비해 가는 중이고 일본과 중국은 싸우자고 으르렁대며 한국과 일본 역시 매사 으르렁대는 격이다. 미국은 중국을 위험한 나라로 보는데 미국의 동맹국인 한국은 중국과 '밀월'이라는 말까지 하고 있다. 동시에 미국이 중시하는 동맹국 일본과는 사사건건 대립한다. 중국은 물론 일본마저도 한미 관계가 소원해지기를 원하고 있다.

이 같은 상황에서 우리는 어떻게 행동해야 하는가?

## 1. 통일을 적극적으로 추구해야 한다

그동안 대한민국의 대북한 정책은 사실상 '분단을 관리하는 정책' 이었다. 말로는 통일을 이야기했지만 실제로는 북한과의 공존을 도모하기도 했다. 최근 통일을 이야기하기 시작한 것은 늦었지만 올바른 방향으로 가고 있는 것이다. 통일이야말로 우리가 당면한 모든 복잡하고 어려운 문제를 해결하는 열쇠다.

## 2. 통일에 대비한 군사력 강화가 필요하다

통일에 대비한 군사력 증강이 필요하다. 북한의 도발을 억지하는 군사력과 북한을 평정하기 위한 군사력은 다르다. 통일에 대비하고 통일과정을 성공적으로 이루기 위한 군사력을 빨리 갖추어야 한다. 미국이 이라크를 점령할 수 있는 군사력만 가지고 전쟁을 개시, 평정과정에서 오랫동안 병력 부족으로 고생했다는 교훈을 배워야 한다.

## 3. 한미동맹은 더욱 강화되어야 한다.

일본과 적대 관계를 유지한 채 그리고 중국과는 친밀함을 유지한 채, 한미동맹을 양호하게 지속시킨다는 것이 영속적으로 가능한 일인지를 생각해 보아야 한다. 불가능할 것이다. 현재의 대일, 대중 정책에 변화가 있어야 한다. 그리고 미국과의 동맹 관계를 더욱 강화시켜야 한다. 최근 한국이 중국의 방공식별구역 선포에 반대하고 한국 스스로의 방공식별구역을 선포한 데 대해 미국은 자국 시간으로 새벽 두 시에 즉각 '이를 환영한다.'는 성명을 낼 정도로 한국의 전략적 가치를 중시한다.

그럼에도 불구하고 최근 한국의 태도에 실망한 일부 미국 사람들은 대중국 봉쇄 전략형성에 비협력적인 것처럼 보이는 한국을 빼고 하자는 이야기도 나오고 있는 상황이다.[81] 한국의 대통령이 자신에게 "한국인들은 미국과 일본을 위협으로 생각한다."고 말하는 것을 들은 미국 국방장관은 한국을 어떻게 생각했겠는가?[82]

미국이 한국을 포기할 수도 있다고 생각하고 대처해야 하는 이유는 중국의 주변국 중 이미 일본, 인도, 베트남 등이 미국의 대 중국 정책에 적극적으로 지지 협력하고 있다는 사실에 있다. 일본, 인도, 베트남 등 3국은 힘을 합할 경우 군사력·경제력은 물론 인구에서도 중국을 능가할 정도다. 즉 미국의 대아시아 정책에 조금의 여유가 생기게 된 것이다.

미국은 대중국 봉쇄 전략에서 한국이 지정학적으로 결정적으로 중요하다고 보아 한국을 동북아 안보의 린치핀이라고까지 말하고 있지만, 한국이 지금처럼 친중, 반일 행보를 계속할 경우 미국은 한국을 빼고 하는 수밖에 없다고 생각할 수도 있을 것이다.

한미동맹은 통일 이후에도 지속되어야 한다. 주변 강대국들의 위험에 대처하고 동북아시아에서 균형의 역할을 담당하기 위해서다.

## 4. 한국은 동북아시아 안보의 린치핀 역할을 담당해야 한다

미국은 현재 동북아 정책을 적국이었던 일본에 크게 의존하는 상황이다. 그래서 일본을 지원해 주고 일본이 급속히 우경화하고 군사력을 증강시키는 것을 허락하고 있다. 우리나라가 미국의 동아시아 정책에 적극 협조한다면 그것만으로도 미국의 일본 의존을 대폭 약화시킬 수 있을 것이다. 미국은 한국의 전략적 가치를 대단히 높게 평가하고 있다. 우리는 미국의 힘을 빌려야 통일을 이룩할 수 있다. 사실 미국의 지원이 없으면 통일은 불가능하다.[83]

한국이 미국이 현재 원하는 역할을 함께 해 줄 때, 통일을 이룩하는 과정에서 미국의 적극적인 지지를 받을 수 있고 통일 후에도 미국과의 동맹을 통해 중국과 일본에 버금가는 지위를 확보할 수 있을 것이다.

## 5. 일본과의 관계가 더 이상 악화되면 안 된다

일본은 한미동맹이 약화될 경우 자신만이 미국의 대 아시아 정책의 유일한 핵심축이 될 것임을 확신하고 있다. 유럽에서 영국이 담당하고 있는 것과 같은 역할을 전담하게 될 일본은 미국의 지지를 통해 정상국가로 다시 태어날 수 있고 경제력·군사력을 '회복' 할 수 있다고 믿고 있을 것이다.

미국이 일본만을 믿을 수 있는 파트너라고 인식하는 경우, 한국은 인정하기 대단히 힘들겠지만 미국의 잠재적 적국이 될지도 모른다. 한국과의 관계가 소원해진 미국이 중국 편에 서서 일본에 대항해서 싸우는 한국을 어떻게 인식할지 심각하게 생각해 보아야 한다.

또한 일본과의 관계가 더욱 악화될 경우 일본은 한국의 통일 과정을 해코지하고 궁극적으로 파탄낼 수 있는 능력을 가지고 있다는 사실도 고려해야 한다. 한일관계가 더 이상 악화된다면 일본은 통일된 한국의 도래를 기필코 반대할 것이며 북한 카드를 고려하기 시작할 것이다. 일본이 북한을 살려주는 방법을 강구할 때 한국의 대전략 목표는 파탄나게 될 것이다.

일본의 막가는 행동을 묶어 두기 위해서라도 우리는 일본과의 관계 악화를 막아야 한다. 보다 능동적인 대일 정책이 필요하다.

### 6. 러시아와 우호 협력 관계를 유지해야 한다

러시아는 비록 과거에 비해 영향력이 많이 줄어들었지만 중국과 일본의 배후 세력으로 한국의 대전략 목표를 달성하기 위해 반드시 활용해야만 할 세력이다.

### 7. 중국과의 우호관계

황준헌이 조선책략에서 말했던 친중국(親中國) 정책은 언제라도 유용한 정책이다. 이웃의 강대국과 사이 나쁘게 지낼 이유는 없다. 중국은 지정학적인 관계가 어려운 나라지만, 한국이 먼저 중국과의 관계를 소원하게 할 필요는 전혀 없다. 다만 유념해야 할 원칙은 대중국 전략은 한미동맹이라는 큰 맥락 아래서 이루어져야 한다는 것이다.

# 결론

이 책을 통해 우리나라 국민의 정서적·감정적 국제정치관으로 대응하기 아주 어려운 국제구조가 형성되고 있음을 말했다. 동북아시아 국제구조가 바뀌는 속성은 서구적인 것인데 이를 한국적 국제정치관으로 대응하는 데는 한계가 있음을 지적했다. 국제정치에는 영원한 적도 영원한 친구도 없다. 다만 영원한 국가이익이 있을 뿐이라는 냉엄한 논리를 빨리 받아들여야 한다. 일본은 본질적으로 적이고 중국은 본질적으로 친구가 될 수 있다는 발상은 옳지 못하다.

우리나라의 대전략은 자유민주주의의 통일 대한민국을 이룩하고 통일 대한민국을 세계의 강대국으로 발전시키는 것이다. 우리나라도 약소국의 멍에를 벗어나 강대국으로 발돋움해야 할 때가 다가왔다.

통일 강대국 건설을 위해 우리는 탁월한 대전략과 이를 구현할 수 있는 좋은 책략을 가지고 있어야 한다. 우리의 힘을 길러야 하며 어떤 이웃 나라가 우리나라의 대전략 목표에 동조하고 우리를 도와줄 수 있는지 파악해야 한다. 현재 대한민국의 국가대전략 목표를 가장 진실하게 지지하는 나라는 역시 미국이며 다행히 미국은 우리의 동맹국이며 세계 최고의 강대국이다. 마침 미국의 대 아시아 전략이 바뀌고 있다. 바뀌고 있는 미국의 아시아 전략에 재빨리 편승하려는 나라가 일본인 것 같다. 이 기회를 활용, 일본은 다시 강대국으로 발돋움하고자 한다.

이미 본문에서 누차 강조했지만 지금 다가온 기회를 잘 사용하지 못하는 경우 우리는 역으로 19세기 말 조선이 멸망당했던 당시와 비슷한 어려운 처지로 굴러 떨어질 수도 있다. 그러나 위기는 항상 기회와 함께 온다. 미국은 미래의 아시아 전략에서 한국의 전략적 가치를 대단히 높게 평가한다. 우리는 작금 닥쳐오고 있는 동아시아 국제정세의 격변을 국가 대전략 달성을 위한 절호의 기회로 활용할 수 있어야 한다.

# 맺음말

책을 만드는 일은 잡지와 달리 손도 많이 가고 시간도 많이 걸리는 일이다. 초고를 완성한 지 몇 달이 지나는 동안 미국과 중국의 갈등은 더욱 첨예화되고 있고, 일본은 물론 중국 주변국의 약한 나라들인 베트남, 필리핀 등이 보다 본격적으로 중국에 대항하기 시작했다.

본문에서 북한은 살기 위해 가능한 모든 방안을 강구할 것이라고 논했고, 한일관계가 더욱 악화될 경우 일본은 북한 카드를 꺼내들지 모른다고 우려한 바 있었다. 5월 하순 일본과 북한이 급격히 가까워진 모습을 보여 주변국을 당황시키고 있다. 충분히 예상할 수 있었던 일이지만 역시 동아시아 국제정치의 변동은 그 속도가 현란하다. 우리 모두가 전략가가 되도록 노력하지 않을 수 없는 상황이다.

## 주

1 김종권,『국난사개관』(서울: 명문당, 1984). 부록 국난통계표, p. 122.

2 Edward N. Luttwak, *Strategy: The Logic of War and Peace* (2nd. ed.; Cambridge: Harvard University Press, 2002).

3 Charles Tilly, *The formation of national states in western Europe* (Princeton University, 1975), p. 42.

4 Robert Kagan, *The Return of History and the End of the Dreams* (New York: Knopf, 2008).

5 서영교,『고구려, 전쟁의 나라: 700년의 동업과 경쟁』(서울: 글항아리, 2007).

6 수상함(Surfaceship)들은 본질적으로 잠수함 앞에 취약하다. 우리나라의 중소형 잠수함들은 전쟁연습에서 미국의 대형 군함들을 쉽게 격침시킬 정도로 잠수함은 두려운 존재다. 그래서 적의 잠수함 공격을 막는 것은 전투현장의 전술적인 일이 아니라 국가가 보복할 것임을 강력히 시사하는 전략적인 일인 것이다.

7 Tanisha M. Fazal, *State Death: The Politics and Geography of Conquest, Occupation, and Annexation* (Princeton: Princeton University Press, 2007), p. 3.

8 Ibid., pp. 9-10.

9 Ibid, p. 22.

10 공격적 현실주의 이론은 국가는 국제정치 환경 때문에 모두 힘을 추구할 수 밖에 없지만 국가들은 다른 나라와 균형을 유지할 수 있는 상태가 된 이후에도 힘을 추구하는 행동을 중지하지 않고 패권국이 되려는 목표로 끊임없이 힘을 추구한다고 본다. 이 이론에 의하면 중국이 힘을 추구하는 것은 당연하며, 중국의 목표는 아시아는 물론 세계의 패권국이 되는 것이다. 마찬가지로 이 이론은 미국은 자신의 패권을 유지하려고 노력하며 중국의 패권 추구를 저지 하지 않을 수 없을 것이라고 설명한다.

11 John J. Mearsheimer, *The Tragedy*

*of Great Power Politics* (New York: Norton, 2000), 이춘근(역) 『강대국 국제정치의 비극』 (서울: 나남출판사, 2004), 「한국인들에게 보내는 저자서문」 중.

**12** Kagan, *Of Paradise and Power: America and Europe in the New World Order* (New York: Knopf, 2003). 이 책의 한국어판은 홍수원 역, 『미국 vs 유럽: 갈등에 관한 보고서』 (서울: 세종연구원, 2003).

**13** 투키디데스, 천병희(역) 『펠로폰네소스 전쟁사』 (서울: 도서출판 숲, 2011), p.46 최근 중국의 시진핑 주석이 중국의 국력증강은 투키디데스의 함정을 우려할 필요가 없다고 말한 것이 흥미롭다. 「연합뉴스」 2014년 1월 22일.

**14** Daniel Burstein and Arne de Keijzer, *Big Dragon China's Future: What it means for BUsiness, the Economy, and the Global Order* (New York: Simon and Schuster, 1998), p.7.

**15** 미국의 동아시아 정책이 본격적으로 가동되기 시작한 것은 2011년 가을 당시 국무장관 힐러리 클린턴의 미국의 아시아 회귀 선언이라고 볼 수 있을 것 같다. 힐러리 클린턴 장관은 앞으로의 세계정치는 "이라크나 아프가니스탄이 아니라 아시아에서 결정될 것"이라고 단언하고 미국은 "그러한 결정이 이루어질 아시아 한복판에 가 있어야 할 것."이라고 선언했다. Hillary Clinton, "America' s Pacific Century" *Foreign Policy*, (November 2011).

**16** 집단자위권을 오해하는 사람들이 많은데 이는 '일본이 스스로의 판단으로 전쟁할 수 있게 되었다.'는 뜻이 아니라 미국이 전쟁할 경우 일본군사력이 미국군과 함께 전투를 벌일 수 있게 되었다는 의미다. 과거 일본은 미국군을 지원할 수는 있었지만 함께 전투를 할 수는 없었다. 2013년 10월 3일부터 일본은 집단자위권을 가지게 되었다.

**17** John J. Measheimer, *The Tragedy of Great Power Politics* (New York: Norton, 2001), 이춘근(역), 『강대국

국제정치의 비극』(서울: 나남출판, 2004).

**18** Global Language Monitor, Austin, Texas 050511. Timothy Beardson, *Stumbling Giant: The Threat to China's Future* (New Haven: Yale University Press, 2013), p. 2에서 재인용.

**19** 조정래 작가의 『정글만리』를 광고하는 교보문고 게시판에서 인용함.

**20** 미래 예측에 정통하기에 21세기의 노스트라다무스라는 별명을 가지고 있는 미국의 유명한 전략이론가 프리드먼(George Friedman) 박사는 오늘의 중국을 마치 1989년의 일본과 같은 처지에 놓였다고 분석한다. 그는 더 이상 중국의 급속한 경제 성장은 없을 것이며 일본이 그랬던 것처럼 중국은 장기적 침체기로 빠져 들어갈 것이라고 주장한다. 프리드먼 박사는 아시아에서 궁극적인 패권국으로 남을 나라는 중국이 아니라 오히려 일본이라고 주장한다. 더 자세한 내용은 George Friedman, *The Next 100 Years: A Forecast for the 21st Century* (New York: Doubleday, 2009)와 *The Next Decade: Where We've Been... and Where We're Going* (New York: Doubleday, 2011)를 참조할 것. 두 책 모두 한국어 번역본이 간행되었다. 손민중(역) 『100년 후: 22세기를 지배할 태양의제국 시대가 온다』(서울: 김영사, 2010); 김홍래(역) 『넥스트 디케이드』(서울: 쌤앤파커스, 2011).

**21** 2013년 11월 23일 중국이 일방적으로 선포한 방공식별구역 설정 등이 그 좋은 예 중 하나다. 2014년 2월 초인 현재 중국은 남지나 해역상공에도 방공 식별구역을 설정하겠다는 의도를 표시하며 미국은 이를 강하게 경고하고 있다.

**22** 버코위츠(Berkowitz) 박사는 중국은 1994년부터 2003년에 이르는 10년 동안 매년 연평균 17%에 이르는 놀라운 국방비 증액을 보이고 있다고 주장했다. Bruce D. Berkowitz, *The New Face of War* (New York: Free Press, 2003): 미국 국방부 역

시 공식적으로 중국 군사력의 급속한 증강에 우려를 표시하고 있다. Office of the Secretary of Defense, *Military and Security Developments Involving the People's Republic of China 2012* (Annual Report to Congress, May 2012), p. 42.

**23** 중국이 발표하는 공식 통계자료에 대한 의문점들에 대해서는 이춘근, 『미중 패권경쟁과 한국의 전략적 선택』 (서울: 한국경제연구원, 2012), pp. 211-237. '믿기 어려운 중국관련 통계자료'를 참조.

**24** 이 표는 필자가 영국 국제전략 연구소가 간행하는 *The Military Balance*의 해당년도판인 1986, 1991, 1996, 2001, 2009, 2011년판을 종합해서 만든 것이다. *The Military Balance* 2011년 판은 그 이전 구축함으로 분류했던 군함 중 15척을 프리깃함으로 다시 분류했다.

**25** 현재 중국해군은 3개 함대로 편성되어 있고, 주요 전력은 다음과 같다.
- 전략원자력 잠수함(Strategic Nuclear Submarine): 3척(Xia 급 1척, Jin급 2척)
- 공격원자력 잠수(Nuclear Attack Submarin): 6척(Han급 4척, Shang급 2척)
- 재래식 잠수함(Conventional Submarines): 59척(Romeo급 9척, Kilo급 12척, Ming 급 19척, Yuan급 2척)
- 구축함(Destroyers): 28척(Hangzhou급 4척, Luzhou급 2척, Luyang급 2척, Luyang급 2척, Luyang-II 2척, Luda급 3척, Luda-II급 1척, Luda-III급 1척, Luhai급 1척, Luhu급 2척)
- 프리깃함(Frigates): 52척(Jianghu급 11척, Jianghu-II 9척, Juanghu-III 3척, Jianghu-IV 1척, Jianghu-V 6척, Jianwei 4척, Jiangwei-II급 10척, Jiankai급 2척, Jiankai-II급 6척)
- 고속정(Patrol Boats and Fast): 253척

**26** *The Military Balance*, 2013, p. 289.

**27** Geoffrey Till, 최정호, 임경한(공역), 『아시아의 해군력 팽창: 군비경쟁의 서막인가?』 (서울: 한국해양전

략연구소, 2013), p. 29.

**28** 표2를 참조. 물론 일본 해상자위대는 양적인 측면에서는 중국보다 작은 해군력이지만 질적인 면에서는 중국의 해군력을 능히 감당할 수 있거나 혹은 능가한다고 평가된다. 다만 지금의 추세가 계속될 경우, 중국은 해군력을 포함, 모든 군사력에서 아시아의 최강이 될 것이라고 우려되는 것이다. 일본 해군력이 막강하다는 평가는 James R. Holms, "Sino-Japanese Naval War 2012" *Foreign Policy*(August 20, 2012)를 참조.

**29** 표2.3은 日本防衛省,『2013 日本 防衛白書』(東京: 日本防衛省, 2013), p. 60 및 *The Military Balance 2013*을 종합 저자가 작성한 것임.

**30** Gordon G. Chang, "China's Next Mao" in *The Journal of Security Affairs* No. 25. (Fall/Winter, 2013), p. 8.

**31** 松井 武,『世界紛争地圖』(東京: 新潮社, 1995), pp. 50-55.

**32** 남지나해에서의 중국 관할선과 중국의 제1 도련선 및 제2 도련선 지도 참조.

**33** Anti Access는 A2, Area Denial은 AD로 요약한 것이다. A2/AD Challenge라는 용어는 미국군이 중국을 상대하는 경우 흔히 사용하고 있으며 2012년 1월 5일 간행된 미국의「새로운 국방전략보고서」에도 명기 되어 있다.

**34** 2009년 3월 9일 동지나해에서 임무수행 중이던 미국 군함 USS Impeccable에 중국 어선과 해군이 달려들어 임무수행을 방해한 사건이 발생한 바 있었고 2013년 12월 14일 중국 군함의 위협 항해로 미국 군함 USS Cowpens 호가 충돌을 피하기 위해 먼저 진로를 바꾼 경우도 있었다. NBC News 보도.

**35** *The Economist*, (30, November, 2013).

**36** 시진핑 주석이 미국의 언론과의 인터뷰 중 한 말.「조선일보」 2014년 1월 23일자.

**37** Robert Gates, *Duty: Memoirs of a Secretary at War* (New York: Knopf, 2014), p. 527.

38 Donald E. Nuechterlein, *Defiant Superpower: The New American Hegemony* (Washington D.C.: Potomac Books, 2007), p.12.

39 Bruce Berkowitz, *Strategic Advantage: Challengers, Competitors, and Threat to America's Future* (Washington D.C.: Georgetown University Press, 2009), pp. 1-2.

40 George Friedman, *The Next 100 Years: A Forecast for the 21st Century* (New York: Doubleday, 2009), p. 5. 조지 프리드먼은 미국의 목표는 승리가 아니라 적들이 무엇을 하지 못하게 방해하는 것임을 강조한다.

41 Zbgniew Brezezinski, *The Game Plan: How to Conduct the U.S-Soviet Contest* (New York: Atlantic Monthly Press, 1986), p.5에서 인용한 지도.

42 Paul Kennedy, *The Rise and Fall of th Great Powers: Economic Change and Military Confict From 1500 to 2000* (New York: Random House, 1987); Ezra Vogel, *Japan as Number One: Lessons for America*, 이주영(역) 『우리가 일본에서 배울 것은』(서울: 조선일보사, 1991).

43 거의 없다고 말한 이유는 일본을 미국에 대항하는 패권 도전국으로 인식하는 사람이 있다는 의미다. 아베의 실험이 성공할 경우, 일본은 군사, 경제 강대국으로 다시 부상할 수 있으며, 그때 미국은 중국보다 오히려 일본을 더 경계해야 될 상황이 올 수도 있다. 미일동맹의 한계가 여기 있는 것이다.

44 James Dale Davidson, *Brasil is the New America* (New York: Wiley, 2012).

45 이 같은 견해는 너무나도 많은 학자들이 상식처럼 주장하는 견해다. 일일이 각주를 달 필요조차 없는 다수설이다. 물론 필자는 이 다수설을 따르지 않는다. 미국이 중국의 도전을 방치하고 있을 리가 없기 때문이다.

46 Department of Defense, *Annual Report to Congress: The Military Power of the People's Republic of*

*China* 매년 간행되는 이 보고서는 2000년 미 의회의 입법에 부응하는 조치며 현재 2013년 판까지 간행되었다.

**47** John J. Mearsheimer, 이춘근(역), 『강대국 국제정치의 비극』 (서울: 나남판, 2004), 「한국어판 序文」

**48** Bill Emmott, *Rivals: How the Power Struggle between China, India and Japan will shape our next decade* (New York: Harcourt, 2008). 특히 제1장 Asia's New Power Game 참고.

**49** 베트남은 공산주의보다는 민족주의를 내걸고 미국과 싸웠다. 미국이 물러난 후 통일 베트남은 1979년 중국과 전쟁을 벌였으며 이 전쟁에서 미국은 베트남을 지원했다.

**50** Hilary Clinton, "America's Pacific Century", *Foreign Policy* (November, 2011), pp. 56-63.

**51** 필립 코닝 등은 「포린 폴리시(Foreign Policy)」 지에 게재된 글에서 '현재 일본의 군사력은 너무 약하다. 일본 군사력이 이처럼 약하다는 사실은 미국에게 위험한 일'이라고 주장했다. Philippe De Koning, Philip Y. Lipscy " The Land of the Sinking Syn: Is Japan's Military Weakness putting America in Danger?" Foreign Policy, (30, July, 2013). 일본의 군사력은 미국의 비호 아래 '일정수준' 증강될 것이 분명하다.

**52** 나카소네 야스히로 전 일본 총리의 자서전 『보수의 유언』 오대영, 김동호(공역) (서울: 중앙일보사, 2011)에서 인용.

**53** 2006년 당시 일본과 중국의 국력은 GDP는 일본 5조 1,300억 달러, 중국 2조 6,200억 달러, 방비는 일본 4,110억 달러 중국 1,220억 달러로 경제력에서는 일본이, 군사력에서는 중국이 우세, 두 나라의 국력은 대략 동등한 수준이었다.

**54** 한국 국민들은 중국의 군사력 증강에 대해서는 상당히 관대한 입장을 취하는 반면 일본의 군사력 증강에 대해서는 격렬한 반응을 보이는데 역시 국제정치를 감성적으로 보기

때문이며 국제정치의 사실(facts)에 대해 정확한 자료를 모르고 있기 때문이다.

**55** *The Economist* (18, May, 2013). 우리는 일본의 군사력을 동아시아 안보 불안의 원인으로 보지만 세계는 일본의 군사력 증강을 중국의 급속한 군사력 증강에 대응하는 안전판으로 보고 있다.

**56** 한국 사람들이 최근 강하게 보이고 있는 친중 반일 인식은 세계, 특히 미국사람들의 중국과 일본에 대한 인식과 다르며 인식차가 조만간 한미 간에 전략적 갈등을 초래할 요인이 될 수도 있다는 사실에 유념해야 한다.

**57** 물론 보는 입장에 따라 다르다. 미국의 유명한 평론가, 학자인 클라이드 프레스토 비츠(Clyde Prestowitz) 씨는 아베가 미국의 뺨을 때렸는데 겨우 '실망했다'가 무어냐며 미국의 미지근한 대응을 비난하고 있다. Clyde Prestowitz, "Abe slaps America' s Face", *Foreign Policy* (December, 27, 2013)

**58** 조지 프리드먼은 일본은 자원이 부족한 나라이기 때문에 더 공격적일 수밖에 없는 나라라고 평가한다.

**59** 「環球時報」, 2013년 8월 13일. 「조선일보」 2013년 8월 14일자에서 재인용.

**60** 歐陽善 著 富坂聰(譯) 『北朝鮮 機密ファイル』 (東京: 文藝春秋社, 2007). 박종철, 정은이(역) 『중국의 대 북조선 기밀파일』 (서울: 한울, 2008).

**61** Hans J. Morgenthau, *Politics Among Nations: Struggle for Power and Peace* (5th ed.; New York: Alfred A. Knopf, 1973).

**62** 이숙인 "예로써 섬긴 나라? 여자로 섬긴 나라!" 규장각한국학 연구원, 『조선 사람의 세계여행』 (서울: 글항아리, 2011) 참조.

**63** Geoffrey Blainey, *Causes of War* (New York: Free Press, 1973), 블레이니 교수는 국가 간 '누가 힘이 더 강한가에 대한 논란(disputes in the measurement of power) 때문에 전쟁이 발발한다고 주장한다. 누가 더 강한가? 즉 누가 전쟁에 이길 것인가의 문제가 분명할 경우 국가들은

전쟁을 벌이지 않는다는 주장이다.

64 Joshua S. Goldstein, *Winning the War on War: The Decline of Armed Conflict Worldwide* (New York: Dutton, 2011).

65 Colin S. Gray, *Another Bloody Century?: Future Warfare* (London: Weidenfeld and Nicholson, 2005).

66 Henry A. Kissinger, *Does America Need a Foreign Policy?: Toward a Diplomacy for the 21st Century* (New York: Simon and Schuster, 2001), p. 110.

67 당시 영국의 관심은 러시아의 남진을 막는 것이었는데 영국은 조선이 그 역할을 해 줄 수 있다고 믿을 수 없었을 것이다. 결국 1902년 영국은 일본을 파트너로 택했고 영국과 동맹을 체결한 일본은 러시아마저 굴복시킨 후 아시아의 패자(霸者)로 부상하는 데 성공했다.

68 최근 중국 경제의 하락, 미국의 부활, 일본의 재부활 등으로 인해 중국이 패권국이 될 것이라는 견해는 많이 약해졌다. 필자는 중국이 세계 패권국이 되는 것은 물론, 아시아의 패자가 되는 것도 어려운 일이라고 보는 편이다.

69 복거일,『한반도에 드리운 중국의 그림자』(서울: 문학과지성사, 2009). 복거일 선생의 이 책은 중국이 한국을 과거 일본처럼 식민통치할 것이라 우려하는 것은 아니다. 그러나 막강해진 중국 앞에 대한민국은 마치 핀란드가 러시아의 눈치를 보며 사는 것과 비슷한, 어려운 처지에 이르게 될 것이라 우려하는 것이다.

70 Zbigniew Brzezinski, *Strategic Vision: America and the Crisis of Global Power* (New York: Basic Books, 2012).

71 그러나 미국을 비롯한 세계 대부분의 나라들은 한국 사람들의 '일본에 대한 거의 영원한 적대감'을 오히려 더 이해하기 어려운 일이라고 생각한다.

72 Pew Global Attitude Projects: Global Unease with Major World Powers. Robert Kagan, *Op. Cit.*, p. 88에서 재인용.

73 당시 일본과 미국의 다가오는 전쟁을 예견한 전략가들도 적지 않았다.

74 황준헌은 러시아가 조선을 모두 차지하는 경우 청나라가 당면하게 될 상황을 우려한 것이다.

75 「조선일보」 2014년 1월 29일자.

76 위의 신문. 하영선-문정인 교수 대담 중에서.

77 국제정치학 최대의 이론인 세력균형이론(Balance of Power Theory)은 상대적으로 약한 나라들이 연합해서 보다 막강한 나라에 대항한다는 원칙을 말해 준다.

78 일본과 한국이 안보협력을 강화해야 한다는 주장은 미국 합참의장 뎀시 대장, 주한미군 사령관이었던 월터 샤프 대장, 미국 대통령 후보였던 매케인 의원, 현직 미국무장관 존 케리, 국방장관 척 헤이글 등이 지속적으로 강조하고 있는 것이다.

79 Robert Jervis, *Perception and Misperception in Internatioanl Politics* (Princeton, N.J.: Princeton University Press, 1976).

80 그동안 한국 사람들은 한국 전쟁당시 중국이 보인 행동에 분노, 중국을 오랑캐라 부르며 적대시했다. 그런데 1992년 수교 이후, 중국과의 경제거래가 커지고, 반공주의의 약화, 좌경적 세력의 부상 등 인식의 변화가 야기되는 과정에서 한국인들은 아직도 공산주의 독재정치를 고수하고 있는 중국과는 정서적으로 우호관계에 빠지는 한편 자유민주주의 국가인 일본과는 대적하는 모순적 상황을 만들고 있다.

81 「조선일보」 2012년 9월 11일자, 강인선 기자의 보도.

82 Robert Gates, *Op. Cit.*, p. 416. 게이츠 전 미국 국방장관의 회고록.

83 박성조, 『한반도붕괴: 위기의 남북관계 그 새로운 전략과 해법』 (서울: 랜덤하우스 중앙, 2006), p. 12.

# 격동하는 동북아, 한국의 책략


펴낸날 초판 1쇄 2014년 6월 25일
초판 6쇄 2024년 3월 8일

지은이 이춘근
펴낸이 김광숙
펴낸곳 백년동안
출판등록 2014년 3월 25일 제406-2014-000031호

주소 경기도 파주시 광인사길 22
전화 031-941-8988
팩스 031-8884-8988
이메일 on100years@gmail.com

ISBN 979-11-95263-82-0 04300
979-11-86061-55-8 04300 (세트)


※ 값은 뒤표지에 있습니다.
※ 잘못 만들어진 책은 구입하신 서점에서 바꾸어 드립니다.